AF494709

THÉATRE FRANÇAIS.[5]

SAURIN.

XXIV.

SAURIN.

THÉATRE FRANÇAIS.

RÉPERTOIRE COMPLET.

SAURIN.

Edition - Touquet.

PARIS.

IMPRIMERIE DE A. BELIN.

1821.

SPARTACUS,

TRAGÉDIE EN CINQ ACTES,

DE

SAURIN;

Représentée, pour la première fois, en 1760.

PERSONNAGES.

SPARTACUS.

CRASSUS , consul.

ÉMILIE , fille du consul.

MESSALA , envoyé du consul.

NORICUS , chef d'un corps de Gaulois.

ALBIN , officier de Spartacus.

SUNNON , confident de Noricus.

SABINE , confidente d'Émilie.

Un tribun de Spartacus.

Un tribun de Crassus.

Gardes.

La scène est dans le camp de Spartacus.

SPARTACUS,

TRAGÉDIE.

ACTE PREMIER.

SCÈNE Ire.

NORICUS, SUNNON.

NORICUS.

Oui, Sunnon, en secret démentant sa fierté,
Rome aux Insubriens offre la liberté ;
Mais, quoiqu'à Spartacus à regret j'obéisse,
Ne crois pas qu'un moment cette offre m'éblouisse.
Je le hais, mais je hais encor plus les Romains :
D'un sang pour moi trop cher ils ont souillé leurs
    mains.
Les cruels, sur un fils, mon unique espérance,
N'ont pas rougi de prendre une lâche vengeance !

SUNNON.

Je plains ce fils si cher que vous avez perdu ;
Mais, pour être vengé, vous sera-t-il rendu ?
Chef d'un corps de Gaulois, prince de l'Insubrie,
Leur liberté, seigneur, celle de la patrie,
Est-il pour Noricus un intérêt égal ?

NORICUS.

Tu vois que des Romains aussi craint qu'uAnnibal,
Spartacus s'est couvert d'une immortelle gloire ;
Que, cinq fois couronné des mains de la victoire,
Son bras des légions a moissonné la fleur ;
Et que, rien n'arrêtant sa rapide valeur,
Il promet que bientôt au pied du Capitole
Nos drapeaux arborés...

SUNNON.

Espérance frivole !
Rome , dont le colosse embrasse l'univers ,
Ecrasera l'esclave échappé de ses fers.
Quelque gloire d'abord que le sort lui destine,
De succès en succès il marche à sa ruine ;
La victoire l'epuise en le favorisant :
Oui , sans se reparer toujours s'affaiblissant ,
Ses lauriers, sous lesquels il faudra qu'il succombe ,
Sont un vain ornement qu'il prépare à sa tombe.
Ah ! pour s'unir à vous par un secret traité ,
Lorsque Rome à vos yeux offre la liberté....

NORICUS.

Spartacus a ma foi ; mon honneur est son gage.
Il faut tout bien peser au moment qu'on s'engage :
Mais lorsqu'en un parti, Sunnon , l'on s'est jeté,
Regarder en arrière est une lâcheté ;
On ne peut plus dès-lors l'abandonner sans blâme :
Qui le quitte est léger ; qui le trahit, infâme.
Du pouvoir des Romains tu parais effrayé !
De cent peuples rivaux ce colosse étayé,
S'il n'a plus leur appui, si leur bras nous seconde ,
Va bientôt de sa chûte épouvanter le monde.
Déjà dans notre camp et sous nos étendards ,
Aux cris de la victoire , on voit de toutes parts
Accourir le Gaulois, le Toscan , le Samnite ,
De leur jeunesse enfin toute la brave élite.
Ah! réunissons-nous , et le joug est brisé.
Pour tout assujettir Rome a tout divisé :
De son ambition instrumens et victimes ,
Notre fureur jalouse a creusé nos abîmes ;
Mais, grace à Spartacus, nos yeux se sont ouverts ;
Et lorsque l'Italie, en secouant ses fers ,
Lève un front menaçant , et que sous ce grand homme
Nos drapeaux réunis dejà marchent à Rome ,
Tu veux que , rendant vains tant de nobles travaux ,
Aux bourreaux de mon fils je vende ce héros ?

SUNNON.

Non ; mais avec chagrin je vois votre fortune
Suivre le sort douteux de la cause commune ,

Et que pour un esclave, un rebelle...
                    NORICUS.
                                        Laissons
La haine des Romains lui prodiguer ces noms ,
De quel droit , à quel titre ont-ils été ses maîtres ?
Fils d'un chef des Germains , né d'illustres ancêtres ,
Et parmi ses aïeux comptant même des rois ,
Aux Suèves un jour il eût donné des lois.
Les Romains , en brigands , fondent sur sa patrie ;
Son père Arioviste est privé de la vie ;
On enlève la mère , et le fils au berceau.
Ermengarde eût suivi son époux au tombeau ;
Femme par la tendresse , héros par le courage ,
Elle vit pour son fils , triste et précieux gage ,
Qui , nourri par sa mère , élevé sur son sein ,
Y suce avec le lait l'horreur du nom romain.
Il croît , et de son front l'auguste caractère ,
Démentant de son sort la bassesse étrangère ,
Le distingua bientôt du reste des mortels.
Tu connais des Romains les passe-temps cruels ;
Ce spectacle de sang , et ces combats atroces
Où ce peuple vanté repaît ses veux féroces ,
Excite de la voix le triste combattant ,
Le regarde tomber , l'observe palpitant ,
Veut qu'à lui plaire encor il mette son étude ,
Et garde en expirant une noble attitude.
A ces honteux combats Spartacus destiné ,
Rappelle en rougissant le sang dont il est né ;
Et , de ses compagnons élevant le courage ,
Les excite à verser pour un plus noble usage
Ce sang qu'ils prodiguaient dans un vil champ d'hon-
    neur.
Ils le prennent pour chef : ses succès , sa valeur ,
La haine des Romains en tous les lieux semée ,
Bientôt à Spartacus enfantent une armée ;
Il la forme ; et , toujours combattant à propos ,
Les esclaves sous lui deviennent des héros.
                    SUNNON.
Mais a-t-il bien pour but la liberté publique ?
La vertu n'est souvent qu'un masque politique :

Sonvent d'un beau dehors l'ambitieux paré
Cache l'ardent désir dont il est dévoré.
Il protégeait le faible, il a vengé le crime ;
Mais à peine il peut tout que lui-même il opprime.
De Spartacus, seigneur, j'ignore les desseins;
(Eh ! qui peut pénétrer dans le cœur des humains ?)
Mais cette liberté qu'il veut rendre à la terre ,
(Que ce soit le prétexte ou l'objet de la guerre)
Rome vous l'offre sûre.

NORICUS.

                    Au prix de mon honneur.
D'ailleurs que m'offre-t-elle ? Un appât suborneur.
Oui, tant que son pouvoir n'aura point d'équilibre,
Par elle un peuple en vain serait déclaré libre ;
Ainsi, pour s'acquérir un utile renom ,
Rome aux Grecs assemblés fit présent d'un vain nom.

SUNNON.

Spartacus cependant ici commande en maître ;
Et cette liberté, qui par lui doit renaître ,
Jusqu'ici dans ses mains a mis tout le pouvoir.

NORICUS.

Ah ! de le partager j'avais conçu l'espoir :
Je vois en frémissant que lui seul en dispose ;
Et toutefois, Sunnon, sa grande ame m'impose.
On dirait qu'il est né pour n'avoir point d'égal :
Par notre libre choix reconnu général,
Il semble avoir sur tous un naturel empire ;
Mon cœur, plein de dépit, le respecte et l'admire.
Je te confesse encor, mais non pas sans rougir ,
Que ce dépit jaloux, qui me le fait haïr,
En secret dans mon cœur combat avec puissance
Mes nobles sentimens, et même les balance ;
Qu'enfin... Mais les Romains me sont trop en horreur.
C'est ma haine pour eux , c'est ma juste fureur
Qui contre Spartacus aigrit mon cœur encore :
Il sait de me venger que la soif me dévore ;
Qu'au tombeau de mon fils ma douleur a juré
Une guerre implacable à ce peuple abhorré ;
Et, loin d'être comme eux inflexible et barbare,
Du sang de ces cruels Spartacus est avare.

Il n'a pour les vaincus que de l'humanité.
Tu l'as vu , de Tarente épargnant la cité ,
Arrêter du soldat les fureurs légitimes ,
Et de nos bras sanglans arracher nos victimes.

SUNNON.

On dit qu'en cette ville une jeune beauté
En secret dans ses fers le tenait arrêté.

NORICUS.

Quelle honte pour lui ! c'était une Romaine.
Un plus noble intérêt cause aujourd'hui sa peine :
Il tremble pour l'objet respectable et chéri ,
Dont le sein le forma , dont le lait l'a nourri.
Les Romains en secret ont ménagé des traîtres ;
D'Ermengarde par eux ils se sont rendus maîtres.
Hier en diligence il fit partir Albin ,
Chargé de leur offrir un immense butin ,
Avec tous les captifs qu'ont faits sur eux nos armes.
Mais il n'en a pas moins les plus vives alarmes ;
Il connaît les Romains ; il sait... Mais le voici :
Du plus sombre chagrin son front est obscurci.

(Sunnon sort.)

SCÈNE II.

SPARTACUS, NORICUS.

SPARTACUS.

Albin ne revient point... Affreuse incertitude !
Je succombe au tourment de mon inquiétude ;
Je n'y puis résister, et tremble d'en sortir !

NORICUS.

A vos offres, seigneur , Rome doit consentir :
L'avantage est immense et vaut une victoire.

SPARTACUS.

Non ; le ciel a marqué ce terme à notre gloire :
Rome le sait trop bien , une mère est d'un prix
A qui tout intérêt doit céder dans un fils.
Eh ! quelle mère , hélas ! avec quelle constance ,
Avec quelle tendresse , élevant mon enfance ,
Elle sut m'inspirer , par des soins assidus ,

La haine des tyrans et l'amour des vertus !

NORICUS.

Si Spartacus pour Rome eût été plus sévère,
Elle respecterait aujourd'hui votre mère :
La guerre est une loi de sang et de rigueur ;
Il fallait à la rage opposer la terreur,
Et rendre sans pitié victime pour victime.

SPARTACUS.

Mon bras qui sait combattre, et que l'honneur anime,
Ne sait point égorger des vaincus de sang-froid :
Si la guerre autorise un si terrible droit,
Contre lui dans mon cœur l'humanité réclame ;

(à part.)

J'en respecte la voix... Dieux ! proscrivez la trame
Du féroce mortel, de l'indigne guerrier
Qui souille la victoire et flétrit son laurier !...

(à Noricus.)

Faut-il donc aggraver les malheurs de la terre ?
Eh ! n'est-ce pas un mal assez grand que la guerre ?
Vous m'accusez, ami, d'en adoucir les lois ;
Et peut être trop loin j'en ai poussé les droits.
Oui, par nous sans pitié Tarente saccagée...

NORICUS.

Tarente au sang des siens fut, malgré vous, plongée ;
Irrité d'un assaut sans espoir soutenu,
Le soldat en fureur n'était plus retenu :
Elle poussa trop loin sa résistance vaine.

SPARTACUS.

Nous fûmes inhumains, et j'en porte la peine !...
Dans cette ville, en proie à toutes nos fureurs,
Dans le sein du tumulte, au milieu des horreurs,
Une jeune Romaine... O ciel ! quelle faiblesse !
Spartacus ! un soldat !

NORICUS.

Quel souvenir vous presse.
De cet objet fatal à jamais séparé...

SPARTACUS.

Il n'est que trop présent à mon cœur égaré !
J'en rougis : mais tremblant sur le sort de ma mère,
Je ne puis écarter une image trop chère :

Jusques dans les combats l'amour me vient chercher ;
Il pèse sur le trait que je veux arracher.

NORICUS.

Ainsi pour vous Tarente est une autre Capoue...

SPARTACUS.

Non... n'appréhendez pas que ma fortune échoue
A ce honteux écueil des succés d'Annibal;
Non... je triompherai de cet amour fatal.
Les grands cœurs ne sont faits que pour aimer la gloire.
Qu'un vil mortel renonce à vivre en la mémoire,
Pour ramper ici-bas quelques instans de plus ;
Que, mourant consumé de regrets superflus,
Jusqu'au bout inutile au monde, à sa patrie,
Il perde également et sa mort et sa vie :
Si la vie en effet n'est qu'un rapide instant,
Employons-la du moins à le rendre éclatant ;
Faisons-en une époque utile et mémorable ;
Laissons à l'univers un monument durable
Que la vertu consacre aux siècles à venir.
La gloire des Romains fut de tout envahir ;
Sur un titre plus beau que la nôtre se fonde :
Soyons les bienfaiteurs, non les tyrans du monde.
Voilà l'ambition, voilà le grand dessein
Que ma mère conçut, qu'elle mit dans mon sein.

NORICUS.

Vous allez des Romains entendre la réponse :
Votre envoyé paraît.

SCÈNE III.

SPARTACUS, NORICUS, ALBIN, *tenant un poignard.*

SPARTACUS.

Je frémis ! que m'annonce
Sa douleur, ce poignard...

ALBIN.

Je tremble de parler ;
Ah ! de quel coup, seigneur, je vais vous accabler !

SPARTACUS.

Ma mère...

ALBIN.

Elle n'est plus.

SPARTACUS, *après un silence*

Ils ont tranché sa vie,

Ces monstres...

ALBIN.

Connaissez toute leur barbarie.

SPARTACUS.

Hé bien?

ALBIN.

A mes discours, à vos offres, seigneur,
D'un refus outrageant opposant la hauteur,
Ils ont à votre mère annoncé le supplice,
Si, pour elle et pour vous fléchissant leur justice,
Elle ne se hâtait de désarmer vos mains.

SPARTACUS, *à part.*

Et voilà ce que sont aujourd'hui les Romains !

ALBIN.

On presse votre mère ; elle, sans se confondre :
« Je ne tarderai pas, dit-elle, à vous répondre. »
A ces mots d'un poignard que recelait son sein...

SPARTACUS.

Dieux !

ALBIN.

Elle s'en saisit ; on accourt, mais en vain :
Sa main, tout à la fois généreuse et cruelle,
Le plonge dans son flanc : « je suis libre dit-elle,
» Tyrans ! Qui sait mourir brave votre pouvoir...
» Dis à mon fils, Albin, ce que tu viens de voir.
» Porte-lui ce poignard ; et, si je lui fus chère,
» Que l'univers soit libre, et qu'il venge sa mère. »

SPARTACUS, *à part.*

Oui, je la vengerai !... Vous périrez, tyrans !...

(*prenant le poignard des mains d'Albin.*)

J'en jure sur ce fer, mânes chers et sanglans !...

SCÈNE IV.

SPARTACUS, NORICUS, ALBIN, SUNON, UN TRIBUN.

LE TRIBUN, *à Spartacus.*

La fille du consul est en votre puissance,
Seigneur.

SPARTACUS.

Que dites-vous ?... ô justice ! ô vengeance !

LE TRIBUN.

Il l'envoyait à Rome. Elle était sur un char,
Que de deux légions entourait le rempart :
Soudain nous paraissons, et, d'un cri de menace
Défiant les Romains qui se serrent, font face,
De toutes parts on perce, on enfonce leurs rangs ;
Bientôt au pied du char tous les chefs expirans
Ont laissé dans nos mains une si belle proie.

NORICUS, *à Spartacus.*

Ah ! c'est le ciel vengeur, seigneur, qui nous l'envoie :
Votre mère et mon fils vous demandent son sang ;
Et, sans respect pour l'âge, ou le sexe, ou le rang,
Il faut...

SPARTACUS.

(*à part.*)

Oui, je le veux ; oui... La douleur m'égare...
Les Romains m'ont appris à devenir barbare !

NORICUS.

Ah ! songez...

SPARTACUS.

Il suffit : qu'on me laisse. Mon cœur
Ne peut dans ce moment que sentir sa douleur !

FIN DU PREMIER ACTE.

ACTE II.

SCÈNE Ire.

ÉMILIE, SABINE.

SABINE.

Eh ! qui ne frémirait du sort qu'on nous prépare ?
Madame, Spartacus fut toujours un barbare,
Et le sang de sa mère irritant sa fureur...

ÉMILIE.

Ah ! que dis-tu, Sabine, et quelle est ton erreur ?
(*à part.*)
Spartacus un barbare !... Aveugles que nous sommes,
Notre haine souvent juge ainsi les grands hommes ;
De nos propres couleurs nous chargeons leurs portraits,
Et les défigurons en leur prêtant nos traits.
Ah ! que, pour le repos de la triste Emilie,
N'est-il tel en effet que Rome le publie ?
Ah ! de l'humanité méconnaissant les droits,
Et pour toutes vertus n'offrant que des exploits,
Que ne ressemble-t-il aux héros du vulgaire,
Qu'on admire et qu'on craint, qu'on hait et qu'on révère ?
Il eût pu, d'Alexandre émule fortuné,
Remplissant l'univers et s'y trouvant borné,
Sous son bras triomphant voir la terre asservie,
Tout conquérir enfin... hors le cœur d'Emilie.

SABINE.

Votre cœur... quoi, madame ? il se pourrait...

ÉMILIE.

Apprends

Un secret à ta foi dérobé trop long-temps ;
J'aurais voulu pouvoir le cacher à moi-même.

SABINE.

Le puis-je croire ?... ô ciel ! ma surprise est extrême ;
Spartacus !...

ÉMILIE.

Apprends donc à le connaître mieux.

Sache que des mortels le plus semblable aux dieux,
C'est celui dont pour nous tu crains la barbarie ;
Sache qu'il a sauvé mon honneur et ma vie :
Te dirai-je encor plus ? sans savoir qui je suis,
Il m'aime.

SABINE.

Eh ! voilà donc d'où naissaient vos ennuis ?
Rien ne semblait troubler une si belle vie.
Votre mère à Crassus secrétement unie,
Venait de voir enfin cet hymen déclaré :
J'admirais que, passant d'un état ignoré
Dans un rang qui manquait aux vertus d'Emilie,
En un sombre chagrin toujours ensevelie,
Vous eussiez paru voir d'un œil indifférent
L'éclat de la grandeur joint à celui du sang.

ÉMILIE.

D'un sentiment profond, ah ! que l'ame occupée
De cet éclat trompeur, Sabine, est peu frappée !
Que sont tous ces faux biens pour un sensible cœur ?
Un vain fantôme, hélas ? revêtu de splendeur,
Qui, brillant aux regards de la foule éblouie,
D'un malheureux souvent fait un objet d'envie.

SABINE.

Mais comment Spartacus ?...

ÉMILIE.

Une action d'éclat,
Qui surprit à la fois le peuple et le sénat,
M'imprima pour toujours ses traits dans la mémoire.
Rome de Lucullus célébrait la victoire :
Pour la première fois j'assistais à ces jeux
Où le sang prodigué de tant de malheureux ;
Coule pour le plaisir d'une foule inhumaine ;
Mes yeux avec horreur se portaient sur l'arène ;
D'affreux cris de douleur, de sourds gémissemens,
Se mêlaient à la joie, aux applaudissemens.
Un Cimbre, dont le front respirant la menace,
D'une large blessure offrait l'horrible trace,
De deux braves Gaulois avait ouvert le flanc :
Il les foulait aux pieds, il nageait dans le sang,
Lorsque, pour le malheur et l'opprobre de Rome,

Sur l'arène soudain on vit paraître un homme
Dont la stature noble et la mâle beauté
Alliait la jeunesse avec la majesté.
Cet homme avec dédain sur l'arène se couche;
Il garde en frémissant un silence farouche :
On voit des pleurs de rage échapper de ses yeux.
Plein d'un brutal orgueil, le Cimbre audacieux
Prend ce noble dédain pour amour de la vie ;
Le frappe... Celui-ci s'élance avec furie,
Et, présentant le fer à ses yeux effrayés,
De deux horribles coups il l'étend à ses pieds.
Tout le peuple à grand cris applaudit sa victoire;
Cet homme alors s'avance, indigné de sa gloire :
« Peuple romain, dit-il, vous, consuls et sénat,
» Qui me voyez frémir de ce honteux combat,
» C'est une gloire à vous bien grande, bien insigne,
» Que d'exposer ainsi sur une arène indigne
» Le fils d'Arioviste à vos gladiateurs ;
» Etouffez dans mon sang ma honte et mes fureurs,
» Votre opprobre et le mien, ou j'atteste le Tibre
» Que si Spartacus vit et se voit jamais libre,
» Des flots de sang romain pourront seuls effacer
» La tache de celui que je viens de verser. »
Sabine, il a trop bien acquitté sa promesse;
         (*voyant Sabine en pleurs.*)
Mais je vois que pour lui ce récit t'intéresse.

SABINE.

De mes yeux attendris il arrache des pleurs...
Mais votre cœur dès-lors sensible à ses malheurs...

ÉMILIE.

D'une vive pitié je me sentis émue.
Depuis en sa faveur mon ame prévenue,
Avec tout l'univers admira ses hauts faits...
Mais de mon cœur encor rien ne troublait la paix :
Tarente en fut l'écueil; Tarente infortunée,
Aux flammes, au pillage, au meurtre abandonnée.
Jour affreux, du soleil à regret éclairé,
Où ce que les humains ont de plus révéré
Du vainqueur insolent éprouva la furie;
Où la licence, jointe avec la barbarie,

De sang et de forfaits inonda nos remparts!..;
Au temple de Vesta, femmes, enfans, vieillards,
Sous la garde des dieux avaient mis leur faiblesse.
Prosternée à l'autel j'implorais la déesse :
Soudain un bruit terrible et d'effroyables cris
Font retentir la voûte et glacent les esprits;
On a forcé le temple, et, fondant sur leur proie,
Les yeux étincelans d'une barbare joie,
Des cruels... Ecartons ce funeste tableau...
Pour asyle l'honneur n'avait que le tombeau;
Et les cheveux épars, la gorge demi-nue,
De Vesta d'une main embrassant la statue,
De l'autre, sur mon sein appuyant un poignard,
Je m'adressais au ciel, par un dernier regard,
Quand Spartacus parut comme un dieu secourable.

SABINE, à part.

Je respire !

ÉMILIE.

            Ah ! combien, dans ce jour effroyable,
Sa pitié, sa vertu sauva de malheureux !
A quels périls, Sabine, il s'exposa pour eux !
Le soldat enivré de sang et de furie,
Levait sur lui le fer, et menaçait sa vie.
Eh! que pour secourir la triste humanité
Il est beau de montrer cette intrépidité,
De ses fiers oppresseurs trop souvent le partage !
C'est ce qu'en Spartacus j'admire davantage.
De tous les temps il fut d'illustres conquérans,
Qui de sang altérés, moins guerriers que brigands,
Pour le malheur du monde ont recherché la gloire :
Parmi tant de héros trop vanté dans l'histoire,
A peine en est-il un qui soit par sa bonté
Digne d'être transmis à la postérité;
Ivres de la victoire, injustes, sanguinaires,
Ils ont tous oublié que les hommes sont frères !

SABINE.

De Spartacus, madame, admirez les vertus :
Vous lui devez beaucoup, mais vous vous devez plus.
C'est trop que de l'aimer, et, si je l'ose dire...

ÉMILIE.

Sabine, on est bien près d'aimer ce qu'on admire !
Un grand homme eut toujours des droits sur notre cœur,
Soit qu'à notre faiblesse il offre un protecteur,
Ou soit que la conquête illustre la victoire,
Et qu'aimer un héros ce soit aimer la gloire.

SABINE.

Ah ! songez qu'Emilie est fille de Crassus.

ÉMILIE.

Je l'ignorais encor quand je vis Spartacus ;
Mais au sang dont je sors le sien ne fait pas honte :
Non pourtant que l'amour lâchement me surmonte...

SABINE.

Mais devant votre père on porte les faisceaux ;
Crassus est un consul.

ÉMILIE.

Spartacus un héros !

SABINE.

Mais il fut notre esclave, et quoiqu'on le renomme...

ÉMILIE.

Va, dès long-temps l'esclave a fait place au grand homme :
Il naquit libre, et ceux dont il reçut le sang
Toujours chez les Germains tinrent le premier rang ;
Mais, de lui-même enfin empruntant tout son lustre,
N'eût-il pas en effet une origine illustre,
Fût-il formé d'un sang que l'orgueil nomme abject.
Il en serait plus grand, plus digne de respect,
Puisqu'il fait éclater la généreuse audace
De ces premiers héros fondateurs de leur race,
Et dont les descendans, de mollesse abattus,
Trop souvent en orgueil remplacent les vertus.

SABINE.

Mais...

ÉMILIE.

Qui pensait qu'on dût redouter sa vengeance,
Quand le poids du malheur, accablant son enfance,
Interdisait l'essor à ses puissans destins ?
Mais Spartacus est né pour apprendre aux humains
Ce que peut un mortel en qui le ciel allie
La force du courage à celle du génie.

Que l'on naisse monarque, esclave ou citoyen,
C'est l'ouvrage du sort; un grand homme est le sein.

SABINE.

Et vous louez le bras armé pour nous détruire!
Un ennemi de Rome!

ÉMILIE.

Elle-même l'admire.
C'est l'homme le plus grand que le ciel pût former,
Et peut-être Emilie est digne l'aimer;
Mais je sais mon devoir, et tu dois me connaître:
L'amour est mon tyran, mais il n'est pas mon maître,
Sabine; et jusqu'ici renfermé dans mon cœur,
J'ai du moins dérobé sa flamme à mon vainqueur;
Mais qu'il en coûte, hélas! d'affliger ce qu'on aime!
Je partis de Tarente; il s'éloigna lui-même.
On m'apprit que j'étais la fille de Crassus...
Que de raisons, hélas! d'oublier Spartacus!
D'un souvenir si cher toutefois possédée,
Dans mon cœur en secret j'en nourrissais l'idée;
Mais enfin me voilà sa captive aujourd'hui,
Et mon nouvel état n'est pas connu de lui:
Dans son cœur étonné quels sentimens vont naître,
Si mes traits dans ce cœur, mal conservés peut-être...

SABINE.

Quelqu'un vient.

ÉMILIE.

C'est lui-même. Un sombre et fier chagrin
Obscurcit de son front l'air auguste et serein:
Un nuage s'y mêle aux rayons de sa gloire.

SCÈNE II.

SPARTACUS, ÉMILIE, SABINE.

SPARTACUS, *à Emilie, d'un air triste et fier, et sans
la regarder.*
Je viens vous rassurer, madame. Je dois croire
Qu'après l'exemple affreux qu'ont donné les Romains,
La fille du consul, tombée entre nos mains,
Doit craindre...

ÉMILIE.

Spartacus, s'il ne faut que ma vie,

Saurin.   2

Vous pouvez...

SPARTACUS.

(la reconnaissant.)

Quelle voix! et quels traits!... Emilie!
Est-ce un songe, madame?... En croirai-je mes yeux?
La fille de Crassus... vous, Emilie?... O dieux!

ÉMILIE.

Oui, c'est moi qui, par vous secourue à Tarente,
Dans mon état obscur peut-être plus contente,
Du sang dont je suis née ignorais la splendeur.

SPARTACUS.

Ah! ce sang odieux manquait à mon malheur!...
A se percer le sein Rome a forcé ma mère...
Crassus est son consul!... Crassus est votre père!...
Ah! parlez, hâtez-vous, éclaircissez mon cœur :
Ne dois-je désormais vous voir qu'avec horreur?

ÉMILIE.

Absent de Rome alors, par cette barbarie
Il n'aurait point souillé l'honneur de sa patrie :
Crassus de votre mère a déploré le sort.

SPARTACUS.

Eh bien! puisque j'en dois croire votre rapport,
Puisque le ciel enfin veut que je vous revoie,
Pour Spartacus encor il est donc quelque joie!
Oui, je sens qu'à travers une nuit de douleur...
Que dis-je?... Quelle honte! ô ciel! et quelle horreur!
Quoi! ma mère n'est plus! quoi! son sang fume encore!
Et vous êtes Romaine, et mon cœur vous adore!
Non, je vous dois haïr!

ÉMILIE.

Moi qui de vos bienfaits,
Moi qui de vos vertus éprouvai les effets,
Dût sur moi Spartacus étendre sa vengeance,
Il aura mon estime et ma reconnaissance.

SPARTACUS.

Qu'en me parlant ainsi vous me rendez confus!
Ah! madame, excusez...

ÉMILIE.

Spartacus, je fais plus,
Je vous plains.

SPARTACUS.

Vous voyez le trouble de mon ame :
Ma mère, les Romains, et ma haine, et ma flamme,
Tout combat à la fois, tout déchire mon cœur.

ÉMILIE.

J'ai pris part à vos maux, je sens votre douleur ;
Mais vous triompherez d'une vaine tendresse :
Le grand homme n'est pas l'homme exempt de faiblesse,
C'est celui qui la dompte.

SPARTACUS.

                    Eh ! qu'il en coûte, hélas !
Si votre cœur savait quels efforts, quels combats !...

ÉMILIE.

Ne parlons point du cœur d'une faible mortelle...
Un héros ne doit point prendre l'exemple d'elle.
Songez que vos projets, songez que mon devoir...

SPARTACUS.

Oui, je sais que le sort m'interdit tout espoir,
Qu'à jamais séparant mon destin et le vôtre,
Le ciel ne voulut pas nous former l'un pour l'autre ;
Que bientôt loin de vous, et peut-être haï...

ÉMILIE.

Si mon devoir l'exige, il est mal obéi ;
Mon cœur n'embrasse point une vertu farouche.
J'admire le héros, le bienfaiteur me touche ;
Mais un devoir sacré m'attache à mon pays...
Ah ! Spartacus, pourquoi sommes-nous ennemis ?

SPARTACUS.

Pourquoi dans Rome, hélas ! avez-vous pris naissance ?

ÉMILIE.

Je lui dois mon amour.

SPARTACUS.

                    Je lui dois ma vengeance !
Ma mère attend de moi le sang de ses bourreaux,
L'univers en attend le terme de ses maux.

ÉMILIE.

Mais je sais que vers vous, député par mon père,
Messala doit venir ; et peut-être... j'espère...

SPARTACUS.

Non, n'en espérez rien ; non, je vous tromperais :

Non , jamais ces cruels n'auront de moi la paix :
Ils sont tous dévoués au serment qui me lie,
Et ma juste fureur n'excepte qu'Emilie.

ÉMILIE.

Si Rome doit périr, vous m'exceptez en vain.

SCÈNE III.

SPARTACUS, EMILIE, SABINE, ALBIN.

SPARTACUS, *à Albin.*

Qui vous fait accourir ? Qu'annoncez-vous , Albin?

ALBIN, *à Emilie.*

Madame, pardonnez si , ne pouvant me taire...

SPARTACUS.

Eh bien?...

ALBIN.

On veut, seigneur, que, vengeant votre mère ,
A ses mânes , à ceux du fils de Noricus,
Vous fassiez immoler la fille de Crassus.

SPARTACUS.

Qu'entends-je ?

ALBIN.

Tous les chefs, qu'un même esprit anime,
Viendront vous demander cette grande victime.

SPARTACUS.

Les lâches !

ÉMILIE.

Contentez, seigneur, ces furieux ;
La mort pour Emilie est un présent des cieux.

SPARTACUS.

Ne craignez rien , madame; entrez dans cette tente...
Ils me verront... Croyez que leur troupe insolente
N'osera qu'en tremblant soutenir mon aspect,
Et que tout rentrera bientôt dans le respect...
Soyez sûre du moins que, tant que je respire,
Contre vos jours en vain leur lâcheté conspire.

FIN DU SECOND ACTE.

ACTE III.

SCÈNE Ire.

SPARTACUS, NORICUS, LES CHEFS DE L'ARMÉE,
UNE FOULE DE SOLDATS.

NORICUS, *à Spartacus.*

DAIGNEZ leur pardonner un trop juste transport ;
Ils demandent vengeance.

SPARTACUS.

Ils méritent la mort,
Et ceux peut-être aussi qui prennent leur défense.
Qui, faits pour maintenir l'ordre et l'obéissance,
De la sédition loin d'étouffer la voix,
En deviennent l'organe et m'apportent des lois.
N'est-ce donc plus ici Spartacus qui commande ?
Ah ! je rejetterais la plus juste demande
Si la rébellion en était le soutien.
Mais qu'ose-t-on vouloir ? votre opprobre et le mien !
(*aux chefs de l'armée, et aux soldats*)
Guerriers, que de la gloire un noble amour enflamme,
Que me demandez-vous ? c'est le sang d'une femme.

NORICUS.

Tout l'opprobre aux Romains en doit être imputé ;
Ce n'est qu'à leur exemple : ils l'ont trop mérité.

SPARTACUS.

Ai-je mérité, moi, de suivre cet exemple ?
(*aux chefs de l'armée et aux soldats.*)
Vous, par qui les punit le ciel qui nous contemple,
Serez-vous crimininels et barbares comme eux ?
Vous êtes plus vaillans, soyez plus généreux :
La grandeur d'ame est rare, et la valeur commune.
Jusqu'ici nos drapeaux ont fixé la fortune :
Ah ! si nous aspirons à des lauriers nouveaux,
Vengeons-nous en soldats, et non pas en bourreaux ;
Et contre des cruels combattant avec gloire,
Ne déshonorons pas d'avance la victoire.

NORICUS.

Qui combat des cruels doit l'être encor plus qu'eux.

Envers des inhumains se montrer généreux,
C'est par l'impunité les enhardir au crime.
Tout votre camp, seigneur, qu'un même esprit anime,
Vous parle par ma voix, et demande à grands cris
Un sang qui doit venger votre mère et mon fils.

SPARTACUS.

Eh bien ! à vos fureurs moi-même je me livre :
Spartacus ne veut plus ni commander, ni vivre.
Suivez d'un noir transport l'égarement fatal,
Et, tout souillés du sang de votre général,
Plongez vos bras fumans dans le sein d'Emilie :
D'un si grand attentat effrayez l'Italie ;
Mais sachez que bientôt, l'un de l'autre jaloux,
La soif de commander vous divisera tous ;
Que par les fondemens votre ligue frappée
Sera dans peu de temps détruite et dissipée ;
Qu'il faut, pour être unis, le ciment des vertus.
Encore une victoire, et rome n'était plus.
La liberté par vous eût relevé son temple ;
Du monde vous étiez les vengeurs et l'exemple :

(*découvrant sa poitrine.*)

Vous en serez l'horreur... Frappez ! voilà mon sein :
J'ai trop vécu.

NORICUS, *interdit.*
Seigneur !...

SPARTACUS.

Qui retient votre main ?
Votre honneur et le mien sont plus chers que ma vie :
Ne demandez-vous pas que je les sacrifie ?
Oubliez les sermens qui vous tiennent liés :
Je vous les rends. Frappez !

NORICUS, *tombant à ses pieds, ainsi que tous les chefs
de l'armée et ses soldats.*

Nous tombons à vos pieds,

SPARTACUS.

Eh ! pensez-vous ainsi désarmer ma colère ?
Jusqu'ici votre chef, bien moins que votre frère,
De nos travaux communs vous laissant tout le fruit,
Pour le repos de tous j'ai veillé jour et nuit...
Mais pour vous commander il faut qu'on vous ressemble ;

Il faut pour obéir que chacun de vous tremble :
Eh bien !...

NORICUS.

S'il faut verser tout notre sang...

SPARTACUS.

Ingrats !
J'ai prodigué pour vous le mien dans les combats :
Le vôtre m'est trop cher pour vouloir le répandre...
Ah ! je sens que mon cœur est pressé de se rendre !...
(*aux chefs de l'armée*) (*les chefs de l'armée se relèvent.*)
Levez-vous, compagnons... Mais vous devez savoir
Qu'obéir à la guerre est le premier devoir :
L'autorité périt en souffrant qu'on l'outrage.
Peut-être en ai-je fait un assez digne usage...
          (*aux soldats.*)
Vous, soldats, dont les cris et la témérité
Exigeraient de moi plus de sévérité,
Je pourrai pardonner... Il faut s'en rendre dignes ;
Et par une valeur, par des exploits insignes,
Désarmant un courroux dont je suspens l'effet,
Dans le sang des Romains laver votre forfait.
(*les soldats se relèvent. Il fait signe quon se retire,*
   et Noricus, les chefs de l'armée et les soldats sortent.)

SCÈNE II.

SPARTACUS, *seul.*

L'INDULGENCE affaiblit et perd la discipline...
Trop de rigueur aussi quelquefois la ruine...
Mon cœur à pardonner aisément se résout.
Que ne puis-je de même, hélas ! me vaincre en tout ?
O ma mère ! combien ton ombre courroucée
Frémit du trait honteux dont mon ame est blessé !
Ah ! pardonne... A l'amour je suis loin d'obéir ;
Non, ton fils jusque là ne saurait se trahir ;
Mais c'est un ennemi, je l'avoue à ma honte,
Que toujours je combats, qui toujours me surmonte...

SCÈNE III.

SPARTACUS, ALBIN.

ALBIN.

L'envoyé du consul...

SPARTACUS, *à part.*

Ciel vengeur ! un Romain !

(*à Albin.*)   (*à part.*)

J'ai promis de l'entendre... O ma mère, ô destin !...

(*Albin sort.*)

SCÈNE IV.

SPARTACUS, MESSALA.

SPARTACUS.

Croirai-je, Messala, que la fierté de Rome
Lui permettent aujourd'hui de rechercher un homme
En esclave, en rebelle, indignement traité ?
Mais lorsque son orgueil, lorsque sa cruauté
Au fer des assassins abandonne ma tête,
Qu'à ses yeux tout moyen pour me perdre est honnête,
Et, ce que sans horreur je ne puis rappeler,
Quand venant de forcer ma mère à s'immoler,
A ma juste fureur tout devient légitime ;
Certes, de Spartacus c'est faire grande estime
Que d'oser, en mon camp, vous commettre à ma foi :
Ne craignez pas pourtant...

MESSALA.

Mon cœur est sans effroi :

Je connais Spartacus ; sa parole est mon gage,
Et ce gage sacré vaut le plus sûr otage.
Quant à Rome (souffrez que je parle sans fard),
Je croirais l'abaisser en venant de sa part ;
Le consul m'a chargé d'un autre ministère :
Il ne députe ici qu'en qualité de père.

SPARTACUS.

Eh ! quel espoir encor lui peut être permis
Quand ma mère... Ah ! cruel ! qu'attendez-vous d'un fils
Qui ne respire plus que pour venger sa perte ?

MESSALA.

Ce n'est point par Crassus que vous l'avez soufferte ;
Parti de Rome alors, il n'a pu...

SPARTACUS.

                              Si mon cœur
De l'affreux droit de guerre admettait la rigueur,
De cette loi de sang dont l'atroce justice
Fait traîner sans pitié l'innocence au supplice ;
Si cet esclave enfin ne passait en vertus
Ce que sont en orgueil ses maîtres prétendus,
La fille du consul, à périr condamnée,
Expîrait à vos yeux le sang dont elle est née.
Cette leçon terrible apprendrait aux Romains
Que fouler à ses pieds tous les droits des humains,
C'est sous ses propres pas se creuser un abîme ·
Rassurez-vous, seigneur, l'humanité m'anime ;
Je n'outragerai point ses droits pour la venger.

MESSALA.

Le consul pour sa fille a peu craint ce danger :
Il connaît vos vertus ; et sa reconnaissance...

SPARTACUS.

Ah ! c'est un sentiment dont mon cœur le dispense ;
Qu'il rende grace au ciel qui n'a pas dans mon sein
Mis l'ame d'un barbare... ou plutôt d'un Romain !
Je crois qu'à vous parler avec cette franchise
La cruauté de Rome aujourd'hui m'autorise :
Que le sang de ma mère, et mes jours mis à prix,
M'ont trop bien dispensé, comme homme et comme fils,
D'avoir pour des cruels les égards ordinaires
Que conservent entre eux de nobles adversaires.

MESSALA.

On dut à votre mère un traitement plus doux,
Et son sang est sans doute une tache pour nous ;
Mais, si je puis user à mon tour de franchise,
Esclave des Romains, permettez qu'on vous dise...

SPARTACUS.

Leur esclave ! Eh ! quel droit me mit entre vos mains ?
A quel titre, au berceau, ravi par les Romains,
Le fils d'Arioviste a-t-il porté vos chaînes ?
Rome m'opposera ses fureurs inhumaines !

Saurin.   3

Elle voudra s'en faire un titre révéré !
Quoi ! son ambition, à qui rien n'est sacré,
Désole mon pays et massacre mon père,
Traîne en captivité le fils avec la mère,
Et prétend s'arroger un juste droit sur eux!
C'est le droit qu'un brigand a sur le malheureux
Dont il ose ravir la dépouille sanglante!...
    (*à part.*)
Rome, tu n'as sur lui que d'être plus puissante;
Mais à la terre enfin le ciel donne un vengeur!
Il est temps de marquer un terme à ta fureur;
Il est temps d'écraser une superbe race,
Un peuple de tyrans, dont l'insolente audace
Se vante que les dieux ont formé l'univers
Pour la gloire de Rome et pour porter ses fers.

MESSALA.

La force fonde, étend et maintient un empire :
Le droit de dominer, où chaque peuple aspire,
De l'habile et du brave est le prix glorieux ;
Et si de l'univers Rome fixant les yeux,
Passe les nations en génie, en courage,
Le droit de dominer est son juste partage.
Tous ont même désir, mais non même vertu :
La loi de l'univers, c'est malheur au vaincu !

SPARTACUS.

Eh ! malheur donc à Rome !... Autrefois son esclave,
Aujourd'hui son vainqueur, j'ai le droit du plus brave :
Ses titres aujourd'hui sont devenus les miens,
Puisque de votre aveu le succès fit les siens.
Qu'était Rome en effet? Qui furent vos ancêtres?
Un vil amas de serfs échappés à leurs maîtres,
De femmes et de biens perfides ravisseurs!...
    (*à part.*)
Rome, voilà quels sont tes dignes fondateurs!...
    (*à Messala.*)
Laissez donc là mes fers : non pas que j'en rougisse;
La honte en est à vous ainsi que l'injustice ;
La gloire en est à moi, qui de ce vil état,
Qui du sein de l'opprobre ai tiré mon éclat,
Qui, votre esclave enfin, sus, créant une armée,

Me faire le vengeur de la terre opprimée.
Que Rome quitte donc cette vaine hauteur
Qui lui sied mal sans doute, et devant son vainqueur :
En barbares surtout ne faites plus la guerre.

MESSALA.

Mais vous-même, de sang inondant cette terre,
N'en avez-vous versé qu'au milieu du combat ?
Tarente, abandonnée aux fureurs du soldat...

SPARTACUS.

Eh! qui peut prévenir tous les maux dont abonde
La guerre, en cruautés, en ruines féconde ?
Par un vil intérêt le soldat excité,
Au désir du butin joint la férocité ;
Et ce sont ces cruels, ces ames sanguinaires,
Des plus nobles projets instrumens mercenaires ;
Qu'il faut faire servir au bonheur des humains...
Nous avons trop peut-être imité les Romains,
Mais, en plaignant l'abus, j'envisage les suites.
Eh! que sont en effet quelques cités détruites,
Quelques champs ravagés, si j'atteins à mon but,
Si du monde opprimé leur perte est le salut,
Et si des nations par mon bras affranchies
Les biens, les libertés, les honneurs et les vies
Ne sont plus le jouet de ces brigands titrés,
De tous ces proconsuls à qui vous les livrez ?

MESSALA.

Votre projet est grand ; mais souffrez qu'on vous dise
Que le succès encor est loin de l'entreprise :
Plus d'un obstacle encor vous reste à surmonter,
Et j'ose...

SPARTACUS.

            Il faut les vaincre et non pas les compter :
Tout projet qui n'est pas un projet ordinaire
Veut que l'on exécute, et non qu'on délibère.
J'ose tout espérer; les miracles sont faits
Pour qui veut fermement la mort ou le succès.

MESSALA.

A ces grands sentimens il faut que j'applaudisse ;
J'ose vous dire plus, Rome vous rend justice :
Un accommodement se pourrait pressentir,

Sans craindre par Crassus de m'en voir démentir.
SPARTACUS, *d'un ton fier et ironique.*
Mais il n'a député qu'en qualité de père...
Ne vous chargez donc point d'un autre ministère :
Vous abaisseriez Rome en me parlant d'accord ;
Et ce serait en vain. Sa ruine ou ma mort,
Voilà tous nos traités.
MESSALA.
Que la guerre en décide...
Mais un autre intérêt dans votre camp me guide :
Je viens pour Emilie offrir une rançon,
Et vous pouvez vous-même en fixer le prix.
SPARTACUS.
Non.
Spartacus ne fait point de la guerre un commerce :
Dans mes justes projets si le sort me traverse,
Tout est fini pour moi ; s'il remplit mon espoir,
Rome et tous ses trésors seront en mon pouvoir.
Je vous rends Emilie... Oui, ma main la délivre :
Retournez au consul, sa fille va vous suivre.
MESSALA.
C'en est trop...
SPARTACUS.
Il suffit : je n'entends rien de plus.
Vous pouvez cependant annoncer à Crassus
Qu'il me verra bientôt.
(*Messala sort.*)

SCÈNE V.

SPARTACUS, *seul.*

Que cet effort me coûte !
Et j'ai pu m'y résoudre !... Ah ! je l'ai dû sans doute...
Il faut, belle Emilie, être digne de vous,
Et vous perdre... Le ciel, de mon bonheur jaloux,
Ne permet pas...

SCÈNE VI.

SPARTACUS, ÉMILIE.

ÉMILIE.

SEIGNEUR, notre envoyé vous quitte...
Que de cet entretien je crains la réussite !
Il part... Ah ! Spartacus, n'est-il donc plus d'espoir ?
Et mon père...

SPARTACUS.

Bientôt vous allez le revoir ;
A ce père si cher dans peu d'instans rendue,
Emilie à loisir jouira de sa vue :
Je m'arrache à moi-même, et vous rends à Crassus.

ÉMILIE.

Que mon cœur à ce trait reconnaît Spartacus !
Combien j'en suis touchée !... Eh ! comment y répondre ?
Tout ce que je vous dois ne sert qu'à me confondre.

SPARTACUS.

Vous ne me devez rien ; c'est moi qui vous ai dû
L'inestimable honneur de sauver la vertu.

ÉMILIE.

Tu combles tes bienfaits.

SPARTACUS.

Adorable Emilie,
Vous me cachez des pleurs, votre ame est attendrie :
Ah ! pourrais-je penser ?...

ÉMILIE.

Ta magnanimité.
Te donne droit au moins à ma sincérité.
Spartacus, ta vertu si hautement éclate,
Je te dois tant enfin, que je serais ingrate
Si, prête à te quitter, de vains déguisemens
Te dérobaient encor mes secrets sentimens.
Non, d'un trop noble feu je me sens l'ame atteinte
Pour vouloir avec toi m'abaisser à la feinte :
Je t'aime... reçois-en le généreux aveu
Qu'au moment de te dire un éternel adieu
Mon estime te fait, et non pas ma faiblesse.

SPARTACUS, *faisant un mouvement vers elle.*

Ah!...

ÉMILIE.

Permets que j'achève... Oui, mon cœur te confesse
Qu'en toi je n'ai pu voir avec tranquillité
Tant d'héroïsme joint à tant d'humanité :
Mais tu connais les lois que le devoir m'impose,
Cet obstacle éternel que mon pays t'oppose,
Cet invincible mur qu'il élève entre nous ;
Ce devoir est sacré, c'est le premier de tous.
Je t'aime, Spartacus, et ta vertu m'est chère ;
Mais tous mes vœux seront pour Rome et pour mon père.

SPARTACUS.

Quelle gloire pour moi qu'un aveu si flatteur !
Qu'en me désespérant il console mon cœur !
Qu'il déchire à la fois, qu'il élève mon ame !
Oui, je sens que l'aveu d'une si noble flamme
Prête un nouveau courage à ma faible vertu :
Le tourment de vous perdre en est sans doute accru ;
Mais...

ÉMILIE.

J'ai réglé mon sort ; et si Rome succombe
Le ciel sous ses debris aura marqué ma tombe.
Mais aussi, Spartacus, si tu péris...

SPARTACUS.

Eh bien ?

ÉMILIE.

Ma mort... Mais il suffit ; un plus long entretien
'Ne ferait voir en nous qu'une faiblesse vaine,
Indigne d'un héros, comme d'une Romaine...
    (à part.)
Séparons-nous... Mes yeux se remplissent de pleurs.

SPARTACUS.

Ciel !

ÉMILIE.

Ne suis point mes pas, cache-moi tes douleurs.

SPARTACUS, *voulant la suivre.*

Permettez du moins...

ÉMILIE, *l'arrétant.*

Non, jusqu'au camp de mon père.

Albin me conduira. Toi, si je te fus chère...
Mon cœur se trouble... Adieu, Spartacus.
(elle sort.)

SCÈNE VII.

SPARTACUS, *seul.*

ELLE sort !

Mon ame sur ses pas s'attache avec transport ;
La lumière à mes yeux se dérobe avec elle.
Triste fatalité ! nécessité cruelle !
Pour la dernière fois je viens donc de la voir !
O ! combien sur un cœur l'amour a de pouvoir !
Je voudrais... Quelle erreur, et quelle honte extrême.
Ah ! cesse, Spartacus, de t'abuser toi-même.
Ce pouvoir de l'amour il le tient des mortels ;
C'est notre lâcheté qui dressa ses autels :
Sous un nom révéré consacrant la mollesse,
L'homme s'est fait un dieu de sa propre faiblesse...
Allons ; et, tout entier à mes nobles desseins,
Ne songeons plus qu'à vaincre, et marchons aux Romains !

FIN DU TROISIÈME ACTE.

ACTE IV.

SCENE Ire.

NORICUS, SUNNON.

SUNNON.

Modérez les transports que vous faites paraître.
NORICUS.
De ma juste fureur comment me rendre maître
Après l'indigne affront dont je me vois couvert ?
SUNNON.
Mais évitez du moins un éclat qui vous perd :
Les Romains sont en proie aux plus vives alarmes,

Serrés de toutes parts, entourés de nos armes;
Crassus est dans son camp réduit au triste sort
De n'avoir à choisir que les fers, ou la mort :
Osez le secourir, et la vengeance est sûre...
Mais que s'est-il passé ? quelle est donc cette injure ?
Par une fausse attaque occupé loin de vous,
J'ignore...

NORICUS.

   Apprends ma honte, et frémis de courroux.
Chargé de m'emparer d'une hauteur voisine
Qui voit le camp romain, le serre, et le domine,
Crassus m'a prévenu. Déjà de toutes parts
J'y vois des légions flotter les étendards ;
De dards, de javelots une forêt pressée
Offrait partout de fer la cime hérissée ;
Et le soleil brûlant dans les yeux du soldat
En renvoyait encor le formidable éclat.
Au péril toutefois opposant le courage,
Je dispose l'attaque, et le combat s'engage ;
Mais le lieu, le soleil protègent les Romains ;
Leurs traits, lancés d'en haut, portent des coups cer-
 tains :
Ma troupe est repoussée ; en vain je la ramène.
Bientôt, sourd à ma voix, chacun fuit et m'entraîne
Quand Spartacus accourt, saisit un étendard,
Me présente en fureur la pointe de son dard :
« Lâche ! arrête, dit-il.... Compagnons, qu'on me
 suive,
» C'est là qu'est l'ennemi. » Cette apostrophe vive,
Sa démarche, sa voix, son œil étincelant,
Et, s'il faut l'avouer, je ne sais quoi de grand
Et de terrible, peint sur ce front qu'on renomme,
Tout en lui nous parut être au-dessus de l'homme.
Ce n'est point un mortel, un héros ; c'est un dieu !
Aux cœurs les plus glacés il prête un nouveau feu ;
Le soldat pousse un cri, sur ses pas s'abandonne,
Nul obstacle n'arrête, aucun péril n'étonne ;
L'on monte, l'on gravit, l'un sur l'autre porté,
Sur la cime déjà l'étendard est planté,
Et l'aigle des Romains fuit et se précipite...

Tu vois qu'à Spartacus je rends ce qu'il mérite ,
Mais méritais-je , moi , de m'en voir outragé ?

SUNNON.

L'affront n'existe plus quand l'outrage est vengé :
Hâtez-vous de saisir l'occasion présente ,
Tandis que des Gaulois la cohorte puissante
Tient le poste important par eux-mêmes forcé...

NORICUS.

Je ne balance plus... mon honneur offensé...
Oui , Sunnon.

SCÈNE II.

SPARTACUS , NORICUS , SUNNON , LES CHEFS
DE L'ARMÉE.

SPARTACUS , à Noricus.

Noricus , je confesse à ma honte
Que tantôt , emporté d'une chaleur trop prompte ,
J'ai par un mot cruel blessé votre grand cœur.
Mais, non moins que du mien jaloux de votre honneur,
Je viens publiquement réparer cet outrage :
Tous ces chefs assemblés vous rendront témoignage
Qu'ici je désavoue un aveugle transport.
Vous avez vaillamment secondé mon effort
Quand du poste attaqué je me suis rendu maître ;
Et si j'ai réussi, je ne le dois peut-être
Qu'aux attaques déjà deux fois faites en vain,
Mais qui m'ont du succés aplani le chemin ;
Votre haute valeur est partout reconnue :
Calmez le fier courroux dont votre ame est émue ;
Et , sans plus me montrer un visage ennemi ,
   (*lui présentant la main.*)   (*l'embrassant.*)
Touchez dans cette main... embrassez votre ami
Qui, honteux de la faute, et non pas de l'excuse ,
Vous demande pardon , et lui-même s'accuse.

NORICUS.

Spartacus est donc fait pour triompher toujours !
Je ne vous cache pas que , détestant mes jours ,
La haine dans le cœur, le désespoir , la rage ,

Je brûlais d'égaler la vengeance à l'outrage ;
Mais vous me désarmez ; et dans vos bras , seigneur ,
J'abjure la vengeance et reprends mon honneur :
L'ami de Spartacus ne peut être un infâme !

SPARTACUS.

Non , sans doute. Eh bien , donc ! je crois qu'au fond
    de l'ame
Noricus ne me garde aucun triste retour ;
Je crois que , comme moi , vous êtes sans détour ,
Et que votre amitié vient de m'être rendue ;
J'y compte... Le consul demande une entrevue ;
Il va se rendre ici : j'ignore ses desseins ;
Mais que peuvent de nous attendre des Romains ?
Vengeurs des nations , enfans de la victoire ,
Le jour approche enfin où , guidés par la gloire ,
Nos mains renverseront ces monts audacieux ,
Ces remparts menaçans d'où l'aigle impérieux
Du nord jusqu'au midi fait retentir sa foudre .
Met tout en servitude , ou réduit tout en poudre.
Le ciel permet enfin cet espoir à mes vœux.

NORICUS , *voyant approcher Crassus.*

Le consul qui paraît...

SPARTACUS.

        Qu'on nous laisse tous deux.

(*Noricus, Sunnon et les chefs de l'armée sortent.*)

SCÈNE III.

SPARTACUS, CRASSUS, *sa suite restant au fond*
du théâtre.

CRASSUS , *à Spartacus.*

Les dieux vous ont sur nous accordé l'avantage ;
Mais à votre valeur je dois ce noble hommage
D'avouer que du ciel irrité contre nous
Spartacus a trop bien secondé le courroux :
Un grand cœur rend justice à son ennemi même ,
Et je respecte en vous cette valeur suprême
Qui d'un puissant génie empruntant le ressort ,
Et jugeant d'un coup-d'œil indépendant du sort

Ce que le lieu, le temps, l'occasion demande,
Fixe la destinée, ou plutôt lui commande...

SPARTACUS.

Souffrez que j'interrompe un discours trop flatteur;
La victoire toujours ne suit pas la valeur.
Du succès trop souvent la fortune dispose :
Le ciel s'est déclaré pour la plus juste cause :
Il a favorisé l'ennemi des tyrans.
Mais, sans plus nous livrer à de vains complimens,
Qu'avez-vous résolu? Vous voyez votre armée
Sans espoir de secours par la mienne enfermée.

CRASSUS.

L'avantage du poste est sans doute pour vous ;
Mais sachez, Spartacus, que nous avons pour nous
La nécessité même ou nous sommes de vaincre :
Vous savez (mille faits ont dû vous en convaincre)
Que rien n'est impossible à des cœurs obstinés,
Et que des grands périls les grands efforts sont nés :
Du sort toujours changeant prévenez l'inconstance.
Rome, qui sait priser votre haute vaillance,
A des conditions que je viens apporter
Avec vous aujourd'hui me permet de traiter.

SPARTACUS.

Vous avec moi traiter ! Rome avec un rebelle !
Et dont la tête encor est proscrite par elle !
D'un semblable traité le sénat rougirait,
En tirerait le fruit, et vous désavouerait.

CRASSUS.

J'ai le droit de conclure, il m'en laisse le maître...
Mais des faveurs du sort enorgueilli peut-être...

SPARTACUS.

Non, à votre malheur je suis loin d'insulter ;
Mais ces conditions qu'on me vient apporter
J'avais cru que c'était à moi de les prescrire,
Au vainqueur d'ordonner, aux vaincus de souscrire ;
Mais l'orgueil du sénat ne se peut abaisser.
Je veux bien cependant ne m'en point offenser :
Sachons ce que par vous ce sénat me propose;
Brisera-t-il le joug qu'à la terre il impose ?

CRASSUS.

Vos soldats , Spartacus , seront faits citoyens ;
Rome à leur subsistance assignera des biens :
On fera chevalier le chef qui vous seconde ,
Avec nous au sénat vous régirez le monde.

SPARTACUS.

Du temps des Scipions j'aurais pu l'accepter ;
Rome était digne alors qu'on s'en fît adopter :
D'un perfide ennemi magnanime rivale ,
Dans cette guerre , un temps pour elle si fatale ,
Où le revers sans cesse amenait le revers ,
Quel spectacle elle offrit aux yeux de l'univers !
Aux bords de sa ruine on la vit toujours ferme ,
Aux succès d'Annibal marquer enfin leur terme ,
Opposer au vainqueur un courage invaincu ,
Et lasser le malheur à force de vertu.
Aujourd'hui qu'en son sein les richesses versées
Usurpent tout l'éclat des vertus éclipsées ,
Que l'orgueil , l'avarice ont infecté vos cœurs ,
Et que , de l'univers avides oppresseurs ,
Vous en avez conquis les trésors et les vices ,
Que m'offrez-vous, sinon d'être un de vos complices ?

CRASSUS.

Spartacus, vous jugez Rome par ses abus :
Croyez qu'on peut encor y trouver des vertus.
Vous connaissez Caton ; et si du grand Pompée
La valeur n'était pas loin de nous occupée ,
Peut-être...

SPARTACUS.

   Son grand nom ne m'en impose pas ;
Mais tandis qu'en Asie il soumet des états ,
Rome peut dès demain tomber en ma puissance.
Eh ! de quoi venez-vous flatter mon espérance ?
« Mes soldats , dites-vous , seront faits citoyens ;
» Rome à leur subsistance assignera des biens ;
» Vous ferez chevalier le chef qui me seconde ;
» Avec vous au sénat je régirai le monde : »
Mais peut-être demain sénateurs , citoyens ,
Seront en mon pouvoir ainsi que tous vos biens ,
J'ordonnerai du sort de ces maîtres du monde ;

Je verrai sur quel droit ce grand titre se fonde,
Et si, soumettant tout aux lois du consulat,
Il faut que Rome soit, et qu'elle ait un sénat.

CRASSUS.

Craignez encor, craignez d'y trouver des obstacles :
Un noble désespoir enfante des miracles ;
L'espoir le mieux fondé souvent cache un revers :
Enfin les dieux à Rome ont promis l'univers.

SPARTACUS.

Du peuple cette fable éleva le courage :
On fit parler les dieux ; mais on leur fit outrage :
Tous les faibles mortels sont égaux à leurs yeux,
Et le droit d'opprimer n'émane point des cieux.
De quelque oracle enfin que Rome s'autorise ,
Contre elle jusqu'ici le ciel me favorise ;
Et j'espère...

CRASSUS.

Le sort peut encor vous trahir :
Notre courage au moins ne se peut démentir ;
Quoi qu'ordonne le ciel, Spartacus doit s'attendre
Que le dernier de nous périra sans se rendre.

SPARTACUS

C'est à vous d'en résoudre.
(*Crassus fait un mouvement pour se retirer , s'arrête,
et après un moment de silence il revient sur ses
pas.*)

CRASSUS.

Ecoutez , Spartacus :
Vous connaissez les biens et le rang de Crassus...
Prenez Rome pour mère , avec vous je m'allie.

SPARTACUS.

(*à part.*)   (*à Crassus.*)
Qu'entends-je ?...Quoi! seigneur , votre fille... Emilie?...

CRASSUS.

Elle-même.

SPARTACUS , *à part.*

Ah! cachons le trouble de mon cœur...
(*à Crassus.*)
Crassus abaisserait jusque là sa hauteur ?

CRASSUS.

On ne s'abaisse point en sauvant sa patrie;
Le plus grand est celui qui plus lui sacrifie;
Il n'est pour moi d'honneur, d'intérêt que le sien.

SPARTACUS.

De votre fille ainsi joignant le sort au mien,
Et pour Rome et pour moi vous croiriez beaucoup faire. . .
Mais, fussé-je sorti du sang le plus vulgaire,
Je crois qu'au moins l'honneur est égal entre nous
Si je daigne allier mes victoires à vous.
Pardonnez cet orgueil que le vôtre a fait naître;
Mais voici ma réponse, et vous m'allez connaître.
Emilie est le bien le plus cher à mes yeux,
De vertu, de beauté chef-d'œuvre précieux,
Elle est l'amour du ciel et l'honneur de la terre;
Quoique Romaine enfin elle m'a trop su plaire.
C'est vous dire à quel point je la dois estimer:
Mais je serais, seigneur, indigne de l'aimer,
Elle désavourait un si honteux empire,
Si votre offre un moment avait pu me séduire,
Pour être digne d'elle il y faut renoncer,
Si vous m'aviez pu faire un moment balancer.
Et ne point immoler, en m'unissant à Rome,
La liberté du monde à l'intérêt d'un homme:
Je n'acheterai point mon bonheur à ce prix.

GRASSUS.

Que résolvez-vous donc?

SPARTACUS.

      Il n'est que deux partis,
Je le dis à regret: ou combattre, ou vous rendre.

CRASSUS, *fièrement.*

Combattre donc... Adieu... Nous allons vous attendre;
Et si notre vertu ne peut nous secourir,
Il n'est point deux partis; il n'en est qu'un, mourir.
    (*il sort avec sa suite.*)

SCÈNE IV.

SPARTACUS, *seul.*

A QUELLE épreuve, ô ciel, il a mis mon courage !
Sa fille !... Quel trésor eût été mon partage !
Il l'offrait à mes vœux ; j'eusse été son époux...
Qui l'eût dit qu'un mortel refusât d'être à vous,
Adorable Emilie ?... O devoir trop funeste !
Si je la perds, hélas ! que m'importe le reste ?...
Je ne sais, mais je sens qu'en mon cœur combattu
Le consul, sa présence animait ma vertu....
Que dis-je ? ah ! malheureux ? souviens-toi de ta mère !
Tu lui promis vengeance ; il faut la satisfaire :
Entends les cris plaintifs de ses mânes sanglans
Qui du séjour des morts réclament tes sermens ;
Vois d'indignation sa grande ombre éperdue
Demander si tu veux que sa mort soit perdue,
Te montrer ce poignard qui déchira son flanc...
Je ne serai point sourd au cris de votre sang,
Ma mère !... votre fils ne sera point parjure ;
Non, vous serez vengée !... et de nouveau j'en jure !
Rome, tu périras !... On ne te verra plus
A ton char insolent traîner les rois vaincus,
T'enivrer de l'opprobre où ta rage les livre,
Et leur faire à ce prix payer l'affront de vivre.
Et vous, à qui j'immole aujourd'hui mon bonheur,
Vengeance, liberté, remplissez tout mon cœur !

FIN DU QUATRIÈME ACTE.

ACTE V.

SCÈNE Ire.

NORICUS, *seul.*

Crassus voulait traiter, Spartacus s'y refuse ;
Seul il décide en maître... Et quant à son excuse,
Je ne sais si j'en dois demeurer satisfait :
Plus il s'est montré grand, et plus mon cœur le hait.
Oui, mon ame en secret combattue, incertaine,
A lui bien pardonner ne se résout qu'à peine ;
Je sens qu'au fond du cœur le trait est demeuré...
Crassus me promet tout, Crassus désespéré...

SCÈNE II.

SPARTACUS, NORICUS, les chefs de l'armée.

SPARTACUS.

Tout est prêt pour l'attaque ; et par des cris de rage
Du soldat frémissant l'impatient courage
Appelle le combat, et presse le signal :
Ce jour aux ennemis ne peut qu'être fatal ;
Rome, Rome aujourd'hui sera notre conquête.
   (*à Noricus.*)
Rejoignez vos Gaulois, mettez-vous à leur tête...
    (*aux chefs.*)
Que par chacun de vous, à son poste rendu,
Le signal du combat, l'ordre soit attendu...
Allez.

SCÈNE III.

SPARTACUS, *seul.*

Enfin mon cœur peut former l'espérance...

SCÈNE IV.

SPARTACUS, ALBIN.

ALBIN.

La fille du consul en ce moment s'avance.

SPARTACUS.

(à part)   (à *Albin.*)

Ciel! Emilie!... Albin, je ne la veux point voir...
Volez; que de ces lieux...

ALBIN, *voyant entrer Emilie.*

La voici.

SCÈNE V.

SPARTACUS, ÉMILIE.

STARTACUS.

Quel espoir,
Madame, quel dessein en mon camp vous ramène?
Le consul se rend-il quand sa perte est certaine?

ÉMILIE.

Le plus saint des devoirs commande, et j'obéis :
Le salut de Crassus, celui de mon pays,
Voilà ce qui m'amène ; et la fière Emilie,
Qui mille fois plutôt prodiguerait sa vie,
Mais qu'un si grand motif condamne à s'oublier,
Croit te pouvoir pour eux dignement supplier,
Je n'ai pour y venir consulté que moi-même :
Ce que j'ose tenter en ce péril extrême,
Prête pour ma patrie à me sacrifier,
Le succès doit l'absoudre, ou ma mort l'expier.

SPARTACUS.

Votre cœur, Emilie, est grand et magnanime ;
Et si j'ai pu forcer ce cœur à quelque estime,
Si le mien fut par vous digne d'être vaincu,
Vous ne voudriez pas lui ravir sa vertu?

ÉMILIE.

Non; et pour le salut de mon père et de Rome
S'il fallait immoler la vertu d'un grand homme,
J'aurais su, respectant un devoir rigoureux :

Saurin.   4

Ne te rien demander, et périr avec eux :
Mais toi-même aujourd'hui crains de souiller ta gloire;
Ne prends point pour vertu l'abus de la victoire,
Et sache que souvent l'ivresse de l'orgueil
Egara le vainqueur et marqua son écueil.
Eh! qu'a-t-on proposé dont ta vertu s'offense?
Crassus t'offre la pourpre avec son alliance :
Il s'honore sans doute en s'alliant à toi;
Mais que veux-tu de plus (sans te parler de moi)
Que d'avoir pu forcer les souverains du monde
A partager ce titre où leur orgueil se fonde
Avec ce même esclave, objet de leur mépris,
Dont ils mettaient la tête indignement à prix?

SPARTACUS.

Ah! loin de Spartacus cet indigne partage!
J'aurais donc combattu pour mon seul avantage?
Je ne meriterais qu'un opprobre éternel,
Si le vil intérêt d'agrandir un mortel
M'eût fait rougir de sang vos fleuves et vos plaines :
Non... Tout est abattu sous les aigles romaines :
La terre gémissante appelait un vengeur;
J'osai l'être. A son tour, Rome craint un vainqueur :
Je n'aurai point en vain confondu son audace,
Ni vaincu des tyrans pour me mettre en leur place.

ÉMILIE.

Ah! de ce grand projet jugeant sans passion,
Connais-en, Spartacus, toute l'illusion.
Tu veux voir l'univers indépendant du Tibre?
Mais on veut dominer aussitôt qu'on est libre,
Et tu verrais bientôt, l'un contre l'autre armés,
Opprimant tour à tour, tour à tour opprimés,
Les peuples ravager et désoler la terre.
Il faut, pour en bannir les malheurs et la guerre,
Qu'un seul peuple commande et tienne les vaincus
Soumis par sa puissance, heureux par ses vertus.
Les Romains sont ce peuple : en grands hommes féconde,
Bienfaitrice à la fois et maîtresse du monde,
Si Rome sous ses lois a su tout asservir,
C'est pour tout rendre heureux.

SPARTACUS.

　　　　　　　　Dites pour tout ravir ;
La guerre est moins cruelle et fait moins de ravage
Que cette affreuse paix fille de l'esclavage ;
Elle est pour les états le sommeil de la mort.
Rome, il faut l'avouer, eut des vertus d'abord,
Fruit de son premier âge et de sa politique :
Ce n'est plus aujourd'hui qu'un faste tyrannique ;
Son luxe insatiable engloutit les états ;
L'univers est sa proie, et ne lui suffit pas.

ÉMILIE.

Eh bien ! si le poison de nos destins prospères
A pu corrompre en nous la vertu de nos pères,
De Fabrice aujourd'hui si ce n'est plus le temps,
Viens, par Rome adopté, sois un de ses enfans ;
Viens, et que parmi nous ton exemple ranime
Ce noble oubli de soi, cette vertu sublime
Où jadis les Romains n'eurent point de rivaux,
Et qui fit de ce peuple un peuple de héros.
Tu sus vaincre : il te reste une plus noble gloire ;
Fais croître l'olivier au champ de la victoire ;
Rappelle avec la paix nos vertus et nos mœurs :
Venge-toi des Romains en les rendant meilleures.
Tu suis en furieux une aveugle colère ;
Souffre que la raison et te parle et t'éclaire :
J'ose t'en conjurer, Spartacus ; tu le doi
Pour l'intérêt de tous, pour ta gloire, pour toi...
Pour Emilie enfin ; permets que je me nomme,
Si tu ne me confonds dans ta haine pour Rome.

SPARTACUS.

Qui ? moi vous y confondre !... ô ciel ! moi vous haïr !
Ah ! croyez que mon cœur, tout prêt à se trahir,
Souffre encor plus que vous de tant de résistance :
Plût au ciel que ce cœur, qui se fait violence,
N'eût à sacrifier que son ressentiment !
Maître de se venger, on pardonne aisément ;
Mais des peuples sur moi la liberté se fonde,
Et Rome doit périr pour le salut du monde.

ÉMILIE.

Cruel ! c'est donc par moi qu'il te faut commencer :

Tu me vois dans ton camp, mais tu peux bien penser
Que si, pour l'intérêt de la plus noble cause,
Franchissant les devoirs que mon sexe m'impose,
J'ai du salut public fait ma suprême loi,
La mort ou le succès sont ce que je me doi...
     (*lui montrant un poignard.*)
Ce poignard!...

SPARTACUS.

     Arrêtez!... Ciel!
   ÉMILIE, *le poignard levé sur elle.*

             J'attends ta réponse :
Sauve Rome et mon père, ou je péris... Prononce.
SPARTACUS.
A quel horrible choix...

SCÈNE VI.

SPARTACUS, ÉMILIE, ALBIN.

ALBIN, *à Spartacus.*

       SEIGNEUR, tout est perdu :
Noricus, aux Romains secrètement vendu,
Fond avec tous les siens d'un côté sur les nôtres,
Tandis que les Romains attaquent de deux autres.
SPARTACUS, *à part.*
Ciel !

ALBIN.
   Déjà dans les rangs le désordre s'est mis.
SPARTACUS, *à Émilie.*
Perfide !...

ÉMILIE.
   Vous croiriez?...
SPARTACUS.
          Je vole aux ennemis.
         (*il sort avec Albin.*)

SCÈNE VII.

ÉMILIE.

Que j'ai peu mérité ce reproche funeste !
Mais, hélas ! on combat, nul espoir ne me reste...
Malheureux Spartacus !... ah ! tu me connais mal...
Si tu voyais mon cœur en cet instant fatal,
Tu ne te plaindrais pas de la triste Emilie !
C'est elle cependant qui t'arrache la vie ;
En t'arrêtant ici j'ai causé ton malheur...
Tu péris, et c'est moi qui te perce le cœur !
          (*on entend le bruit d'un combat.*)
Ciel !.... Mais tout retentit du bruit affreux des armes...
Il redouble, il s'approche... O mortelles alarmes !
On force cette tente, et le fer à la main ,
Mon père.. Ah ! Spartacus ! quel sera ton destin ?

SCÈNE VIII.

CRASSUS, *suivi d'un gros de Romains*, ÉMILIE.

crassus , *à l'un des Romains.*
Allez, que la poursuite achève leur défaite :
Qu'à Spartacus surtout on coupe la retraite ;
S'il n'est en mon pouvoir , ce fatal ennemi ,
Je croirai que mon bras n'a vaincu qu'à demi.
     (*à Emilie.*)
Ah ! ma fille !...

ÉMILIE.
Seigneur, peut-être avec surprise ?...
CRASSUS.
Non ; j'ai connu ton zèle et vu ton entreprise ;
Ton père par prudence a feint de l'ignorer :
Aux Gaulois cependant faisant tout espérer,
J'ai su de Noricus fixer l'ame flottante ;
Et je rentre en vainqueur dans cette même tente
Où , prête à succomber sous un autre Annibal ,
J'ai vu Rome toucher à son terme fatal.
ÉMILIE.
Daignez...

CRASSUS.

Je t'avoûrai qu'à regret je l'accable ;
Que mon cœur envers lui se connaît redevable ;
Et voudrait se montrer généreux à son tour ;
Mais Rome doit trembler tant qu'il verra le jour.
Oui... Messala s'avance.

SCÈNE IX.

CRASSUS, ÉMILIE, MESSALA, SUITE.

CRASSUS, *à Messala.*

Eh bien ! quelle nouvelle ?

Est-il pris ?

MESSALA.

Oui, seigneur.

ÉMILIE, *à part.*

O fortune cruelle !

MESSALA, *à Crassus.*

Devant vous à l'instant vous l'allez voir venir ;
Et je me suis hâté pour vous en prévenir.

CRASSUS.

Lui vivant, Messala ! qu'il se soit laissé prendre !
Eh ! comment a-t-on pu le forcer à se rendre ?

MESSALA.

D'incroyables efforts ont signalé son bras :
Nous l'avons vu trois fois rallier ses soldats ;
Terrible, et tout couvert de sang et de poussière,
Des nôtres renverser l'impuissante barrière,
Et pénétrer enfin jusqu'à nos derniers rangs,
Entouré d'un rempart de morts et de mourans :
Mais, presque seul, il voit deux légions nouvelles
Qui pour l'environner développant leurs ailes,
Ne laissent à son choix que les fers ou la mort.
Sa main contre son sein s'allait tourner d'abord,
Quand le chef des Gaulois s'est offert à sa vue ;
De rage à cet aspect sa grande ame est émue ;
Il pousse un cri, s'élance, et, plus prompt que l'éclair,
Aux yeux de Noricus il fait briller le fer,

Le plonge dans son sein ; la pointe étincelante
Perce de part en part et sort toute sanglante ;
Noricus à ses pieds roule en se débattant,
Le fer reste engagé dans son sein palpitant :
Le bras de Spartacus se trouve sans défense,
Et ce grand homme alors cédant avec constance...
Mais le voici, seigneur.

ÉMILIE, *à part.*

Quel spectacle, grands dieux !

SCÈNE X.

SPARTACUS, CRASSUS, ÉMILIE, MESSALA,

SUITE.

CRASSUS, *à Spartacus.*

JE ne veux point vous faire un reproche odieux,
Spartacus ; mais votre ame inflexible et superbe
Voulait voir nos remparts ensevelis sous l'herbe :
De tout ce grand projet que reste-il ?

SPARTACUS.

L'honneur.

CRASSUS.

Ah ! si, consultant moins une aveugle fureur...

SPARTACUS.

Brave-moi ; tu le peux : réduit à son courage
Le malheureux se tait, et le lâche l'outrage.

CRASSUS.

Non, Spartacus ; je sais respecter le malheur,
Et je vous plains.

SPARTACUS.

Crassus, par trahison vainqueur,
Tout affreux qu'est mon sort, doit l'envier peut-être.

CRASSUS.

Au salut des Romains j'ai fait servir un traître ;
Je l'ai dû.

SPARTACUS.

De Pyrrhus que dirait le vainqueur ?...

(*à part.*)

Que diriez-vous, Romains, dont la vieille candeur
Imprima le respect à la terre étonnée,

Et fonda sur l'honneur la haute destinée
Sous qui Rome aujourd'hui tenant tout abattu
Croit pouvoir désormais se passer de vertu ?

SCÈNE XI.

SPARTACUS, CRASSUS, ÉMILIE, MESSALA, UN TRIBUN, SUITE.

LE TRIBUN, *à Crassus.*
PRÈS d'ici ralliée une troupe ennemie
Grossit à chaque instant et marche avec furie ;
A ses premiers efforts deux postes ont cédé.
CRASSUS, *à quelques soldats de sa suite.*
Il faut la voir... Qu'ici Spartacus soit gardé,
(*il sort avec Messala, le tribun, et une partie de sa
suite.*)

SCÈNE XII.

SPARTACUS, ÉMILIE, GARDES.

ÉMILIE, *aux gardes, en leur montrant Spartacus.*
JE veux l'entretenir. Sans le perdre de vue,
Gardes, éloignez-vous.
(*les gardes se retirent au fond du théâtre.*)
à part.
Que je me sens émue !...
(*à Spartacus.*) (*à part*)
Spartacus !... Ciel ! il garde un silence glacé ;
Un morne désespoir sur son front est tracé,
Il ne voit, n'entend rien... Ce spectacle me tue...
(*à Spartacus.*)
Spartacus ! ah ! sur moi du moins tourne la vue !
L'excès de ma douleur ne peut te consoler ;
N'importe... vois mes pleurs, te daigne me parler.
SPARTACUS.
En l'état où je suis que pourrais-je vous dire ?
Je suis vaincu, captif... ô ciel ! et je respire !
Me plaindrai-je d'un traître immolé par mes mains,
Ou des dieux en courroux protecteurs des Romains ?
Non, madame, la plainte est indigne d'un homme :

Sans accuser les dieux, ni Noricus, ni Rome,
Qu'elle soumette tout à ses heureux forfaits;
Prêt à subir mon sort, je souffre, et je me tais.

ÉMILIE

Plus ton courage est grand, plus ton malheur me touche :
Mais dépose avec moi cet air sombre et farouche...
De l'amour s'il est vrai que tu sentis les feux...

SPARTACUS.

Ecoute-t-on l'amour en ces momens affreux ?
Et vous-même osez-vous ?...

ÉMILIE.

                    Oui, cruel, on l'écoute ;
Oui, l'aveu que j'en fais n'a plus rien qui me coûte,
Puisque, hélas ! cet amour n'offre plus à mon cœur
De partage avec toi que celui du malheur.

SPARTACUS,

Quoi ! de la trahison vous au moins la complice,
Vous...

ÉMILIE.

        Tu ne le crois pas ; non, tu me rends justice.

SPARTACUS.

Eh bien ! prouvez-le donc; et, si je vous suis cher...

ÉMILIE.

Parle, qu'exiges-tu ?

SPARTACUS.

        Le poison, ou le fer.

ÉMILIE.

Quelle preuve d'amour !

SPARTACUS.

        Ma honte se prépare ;
Songez...

ÉMILIE.

        Ah ! pour aimer faut-il être barbare ?

SPARTACUS.

D'un magnanime amour c'est le plus digne effort ;
Mais de m'abandonner aux horreurs de mon sort,
De m'en laisser subir toute l'ignominie,
Voilà ce qu'il faudrait appeler barbarie...

        (avec indignation en la voyant pleurer.)
Vous répandez des pleurs !

Saurin.   5

ÉMILIE.

Non... je n'en verse plus,
Spartacus... non, tes vœux ne seront point déçus ;
Mon cœur va les remplir , et tu vas me connaître ;
Tu vas voir si ce cœur , digne du tien peut-être ,
Dut être soupçonné de t'avoir pu trahir.
Il ne te reste plus sans doute qu'à mourir :
Annibal s'immola, persécuté par Rome ;
Il te faut dans sa fin imiter ce grand homme :
 Ta vie a surpassé sa gloire et ses travaux...
Je te dois les moyens de mourir en héros,
  (*lui montrant le poignard.*)
Reçois donc ce poignard dont je m'étais armée.
Quand pour Rome tantôt justement alarmée...

SPARTACUS , *voulant prendre le poignard.*

Donnez... Ah ! ce présent ne se peut trop chérir !

ÉMILIE , *se frappant du poignard , et le lui présentant
ensuite.*

Tiens...

SPARTACUS.

Ciel !...

ÉMILIE.

Prends !... C'est ainsi que j'ai dû te l'offrir

SPARTACUS , *prenant le poignard.*

Trop généreuse , hélas!... trop cruelle Emilie!...
Qu'avez-vous fait ? Faut-il qu'au prix de votre vie...

ÉMILIE.

Tu vois si je t'aimais, Spartacus... Je me meurs !

SPARTACUS, *se frappant du poignard.*

Je vous suis...
 *les gardes , qui sont accourus lorsqu'ils ont vu briller.
le poignard , les reçoivent tous deux.*)

SCÈNE XIII.

SPARTACUS, CRASSUS, ÉMILIE, GARDES.

CRASSUS.

Tout a fui, nos drapeaux sont vainqueurs...

(*à Spartacus.*)

Que vois-je ? Juste ciel ! Quoi ! ma fille !... Ah! barbare !...

SPARTACUS.

D'amour et de vertu, ta fille, exemple rare ,
Tout fumant de son sang m'a remis ce poignard ;
Je lui dois le bonheur d'échapper à ton char.
Spartacus expirant brave l'orgueil du Tibre ;
Il vécut non sans gloire , et meurt en homme libre.

FIN DE SPARTACUS.

LES

MOEURS DU TEMPS,

COMÉDIE

EN UN ACTE ET EN PROSE,

DE

SAURIN;

Représentée, pour la première fois, en 1760.

PERSONNAGES.

GÉRONTE, riche financier, père de Julie.
LA COMTESSE, sœur de Géronte.
JULIE.
CIDALISE.
LE MARQUIS.
DORANTE.
DUMONT, intendant du marquis.
FINETTE, suivante de la comtesse.
UNE AUTRE FEMME DE LA COMTESSE.
PLUSIEURS LAQUAIS.

*La scène est dans la maison de campagne de Géronte,
à quelque distance de Paris.*

LES
MOEURS DU TEMPS,
COMÉDIE.

SCÈNE PREMIÈRE.

DORANTE, CIDALISE.

DORANTE.

Mais, madame, concevez-vous quelque chose à ce changement ? Géronte m'amène à sa maison de campagne ; il me laisse espérer qu'il me donnera Julie ; et lorsque je lui fais parler, sa réponse est équivoque, incertaine, et je vois tout à craindre pour mon amour.

CIDALISE.

Monsieur le baron, il y a quelque chose là-dessous qui n'est pas naturel.

DORANTE.

Je serais obligé de renoncer à Julie !... On donne ici, ce soir, un grand bal masqué : il faut, qu'à la faveur de ce bal, je l'entretienne, et que je sache.... Je suis au désespoir !... Ah ! ma chère Cidalise !

CIDALISE.

Plus j'y rêve et plus je m'y perds... Mais aussi, Dorante, vous vous y êtes mal pris : vous n'avez pas eu la sorte d'adresse que je vous avais tant recommandée : je l'ai bien vu.

DORANTE.

Que dites-vous, madame ? Ah ! mon cœur a tout fait pour plaire à Julie

CIDALISE.

Il est bien question de cela ! Croyez-vous que pour épouser cette enfant-là, ce soit à elle qu'il importe de plaire ?

DORANTE.

Eh ! à qui donc, je vous prie ?

CIDALISE.

A qui, monsieur ? A son père ; et, bien plus encore, à la comtesse sa tante, qui gouverne tout ici, et mène par le nez son bon-homme de frère.

DORANTE.

Eh ! madame, il n'est point de politesses que je ne leur aie faites, point d'attentions...

CIDALISE.

Politesses... attentions ! Cela suffit-il pour plaire aux gens ? Ne savez-vous pas qu'il faut encore entrer dans tous leurs faibles, applaudir à leurs ridicules, caresser leurs travers ? Je vous avais pourtant bien mis au fait : je vous avais dit que le père de Julie, riche financier, faute d'esprit, se piquait de bon sens ; qu'il se mirait sans cesse dans son opulence, et croyait qu'un millionnaire était le premier homme du monde ; et hier, devant lui, je vous vois avancer la belle thèse que le mérite et les talens sont préférables à la richesse, et vous lui soutenez en face cette absurdité ! Est-ce là se conduire ?

DORANTE.

Mais, madame, le contraire est si révoltant que...

CIDALISE.

Bon ! révoltant !... on le sait bien ; mais est-ce là une raison ?

DORANTE.

Je vous avoue que je n'ai point appris à parler autrement que je pense.

CIDALISE.

Eh ! dans quel monde avez-vous donc vécu ? Cela s'apprend tout seul. Autre tort. Monsieur Géronte, sans faire cas des talens, a cependant un homme qui lit pour lui les nouveautés : c'est son barême en fait d'esprit, qui lui fournit des jugemens tous faits, et le met en état de parler à tort et à travers de tout ce qui paraît.

DORANTE.

Quoi ! ce petit monsieur qui donne ses décisions pour des oracles ?

CIDALISE.

Il est celui de monsieur Géronte, qu'il a pris pour
le héros de ses vers. On vous les montre, ces vers, qui
de monsieur Géronte ne font pas moins qu'un grand
homme, un homme d'état, et vous n'applaudissez pas
de toutes vos forces !

DORANTE.

J'ai eu l'honnêteté de ne rien dire.

CIDALISE.

Vous ne vous êtes pas mieux conduit vis-à-vis de la
comtesse.

DORANTE.

En quoi donc ?

CIDALISE.

Je vous avais dit que cette digne sœur de Géronte,
demeurée veuve d'un homme de qualité qui l'a laissée
sans bien, aimait fort à médire, et surtout à médire
de monsieur son frère, qu'elle traite de petit bourgeois,
que sa fureur était de ne vouloir point être la sœur de
ce frère, qui cependant a pour elle un respect imbé-
cille, qui n'agit que par ses conseils, ne voit que par
ses yeux. Un autre que vous serait parti de là pour
renchérir sur les médisances de la comtesse, ou du moins
il y aurait applaudi. Point du tout ; vous osez la con-
tredire, vous faites le bon homme, vous défendez contre
elle toute la terre ! Il n'y a pas jusqu'à son frère dont
vous vous établissez le protecteur ; et ce qu'il y a de
rare, c'est qu'après avoir défendu vis-à-vis du frère les
gens de mérite et à talens, vous défendez vis-à-vis de
la sœur les gens de finance !

DORANTE.

Mais c'est que j'en connais de très estimables, et que
du ridicule de quelques-uns il n'en faut point faire le
ridicule de tous. Aujourd'hui l'on a la fureur de tout
blâmer. Une infinité de sots par nature se font méchans
par air. S'il faut médire pour plaire à la comtesse, je
suis son serviteur ; je croirais manquer à la probité.

CIDALISE.

Oh ! la probité ! si c'était y manquer que de médire,
et même de calomnier, il y aurait bien peu d'honnêtes

gens de votre sexe, et il n'y en aurait point du nôtre. On ne peut pas toujours jouer, monsieur. A quoi voulez-vous donc que des femmes s'amusent ?

DORANTE.

Je sens bien que vous plaisantez , madame ; mais tourner en ridicule son frère, ses meilleurs amis...

CIDALISE.

De qui dira-t-on du mal ? De ceux qu'on ne connaît pas ?

DORANTE.

Fort bien ; mais....

CIDALISE.

Voyez le marquis , votre cousin : peut-on mieux prendre qu'il l'a fait le ton de ces gens-ci ? Il est vrai qu'il est homme de cour. Est-il avec la comtesse ? le mal qu'il dit du frère assaisonne les louanges qu'il donne à la sœur ; il le raille impitoyablement sur le ridicule de son faste , magnifique et mesquin à la fois ; sur son orgueil grossier, sur son ton avantageux et bas , sur ses goûts d'emprunt. Est-il avec monsieur Géronte ? « Voilà une » bonne tête ! dit-il en lui frappant sur l'épaule... Vous » ne vous êtes pas amusé à la bagatelle ; vous avez fait » votre chemin ! Qu'est-ce que tout l'esprit du monde » au prix de ce bon sens-là ? Ma foi ! près de vous et » de vos semblables tous nos prétendus esprits ne sont » que des sots ! Les gens comme vous, ajoute-t-il , » sont bien nécessaires à un état ; ils en sont le soutien » et la ressource ». Joignez à cela le talent qu'il a de donner des ridicules. Il faut voir de quel air il demande pardon des incongruités de son petit parent de province; car c'est ainsi qu'il vous nomme.

DORANTE.

Eh ! quel peut être son objet ? Le marquis vous aime, il a le bonheur de vous plaire ; votre mariage est presque conclu.

CIDALISE.

Ah ! Dorante , vous me voyez outrée contre lui ; et

je crains bien qu'il n'ait part au changement dont nous cherchons la cause.

DORANTE.

Lui, madame ?.... le marquis ? Il a promis de me servir.

CIDALISE.

Et s'il ne pensait qu'à se servir lui-même ; s'il avait des desseins sur Julie ? Non qu'il en soit amoureux ; mais ce mariage rétablirait ses affaires , et payerait ses dettes. Ma fortune est fort au-dessous de celle qu'il peut espérer de ces gens-ci.

DORANTE.

Vous penseriez...

CIDALISE.

Je vous ai dit que la comtesse avait tout pouvoir sur son frère. Si par hasard il résiste à ce qu'elle a résolu, ce sont des vapeurs, des évanouissemens qui ne prennent fin qu'avec la résistance du bon-homme.

DORANTE.

Eh bien , madame ?

CIDALISE.

Eh bien ! monsieur, je soupçonne que la comtesse, pour m'enlever le marquis, lui fait épouser sa nièce. La comtesse n'est pas délicate.

DORANTE.

Quoi! cette femme qui vous accable d'amitiés ?...

CIDALISE.

J'en ai été quelque temps la dupe; mais je suis à présent convaincue qu'elle ne m'a fait des avances, et qu'elle ne m'a engagée à venir ici avec elle que pour approcher d'elle le marquis. Mettez-vous bien dans la tête, baron, que les femmes ne s'aiment guère, et qu'en particulier la comtesse me hait.

DORANTE.

Mais ce marquis, madame, est-il possible que vous l'aimiez avec la connaissance que vous avez de son caractère? Si vous le croyez capable d'un si lâche procédé... Mais vous ne le croyez pas ?

CIDALISE.

Ah! Dorante, que n'en puis-je douter! Vous avouerai-je ma faiblesse ? je regrette l'aveuglement où j'étais au commencement de ma passion pour lui : persuadée qu'il m'aimait, séduite par l'élégance de ses ridicules, ses défauts ne me paraissaient que des graces. Je suis presque sûre que si j'épouse, je serai la femme du monde la plus malheureuse. Mes réflexions me conduisent souvent à vouloir me vaincre. Je crois quelquefois y être parvenue. Il paraît, toutes ces idées s'effacent mes réflexions s'évanouissent ; je ne sens plus que mon amour pour lui... Je suis désespérée !

DORANTE.

Ah ! madame, vous surmonterez votre passion, je vous le prédis ; et le marquis...

CIDALISE.

Si je puis être bien sûre une fois qu'il me trompe !... Le bal qu'on donne ici ce soir m'a fait venir une idée qui pourra m'éclaircir. Le marquis et la comtesse croient que dans une heure je pars pour Paris... Mais vous, Dorante, ne vous êtes-vous pas du moins assuré du cœur de Julie ?

DORANTE.

Je ne sais : ma sotte timidité...

CIDALISE.

Votre timidité, Dorante ?... Tenez, monsieur, vous avez tout ce qu'il faut pour plaire ; et avec cela le moindre fat est fait pour vous éclipser. Votre timidité ? Eh mais ! vous n'avez aucun des vices à la mode... Une chose me rassure : Julie sort du couvent : c'est la nature encore dans toute sa simplicité... Mais je la vois qui vient vers nous. Elle a un livre à la main, et rêve profondément... Tenez-vous un peu à l'écart. (*Dorante s'éloigne un peu.*)

SCÈNE II.

JULIE, CIDALISE, DORANTE, *à l'écart.*

(Julie arrive en rêvant, tenant un livre qu'elle regarde avec des yeux distraits, et elle vient se heurter contre Cidalise.)

JULIE, *avec étonnement.*

Ah!... Quoi! madame, c'est vous?

CIDALISE.

Oui, ma chère enfant, c'est moi.

JULIE.

Je ne vous avais, en vérité, pas vue, madame.

CIDALISE.

Je le crois bien : vous rêviez si profondément, et je gagerais bien que ce n'était pas votre livre qui vous faisait rêver.

JULIE.

Mon livre?... je ne l'ai pas ouvert... J'étais pourtant descendue au jardin dans le dessein d'y lire.

CIDALISE.

Eh bien! ma chère Julie, sans savoir quel livre c'est, je vous dirais bien, moi, de quoi il vous aurait entretenue, si vous l'aviez ouvert.

JULIE.

Eh! de quoi donc, madame?

CIDALISE.

Oh! de quoi?... de la seule chose qui occupe les filles de votre âge. L'on ne voit, l'on n'entend qu'elle, on ne lit qu'elle; on l'a dans le cœur, dans les yeux, dans la bouche; ou, si l'on n'ose en parler, on se dédommage en y pensant et en y rêvant sans cesse.

JULIE.

Je ne vous entends pas, madame.

CIDALISE.

De bonne foi, vous ne m'entendez pas?

JULIE.

Eh mais!... tenez, madame... c'est que... c'est que... Vous m'embarrassez... vous avez un certain regard malin !

CIDALISE.

Et vous un certain regard tendre!... et je lis dans ce regard.

JULIE, *vivement.*

Mais qu'y lisez-vous donc, madame?

CIDALISE.

J'y lis, mademoiselle, j'y lis le nom de l'objet qui vous fait rêver.

JULIE.

Je rêvais au marquis, madame.

CIDALISE, *vivement.*

Au marquis?... Vous plairait-il, mademoiselle?

JULIE.

Oh! non... il se plaît tant à lui-même; mais ma tante m'a beaucoup parlé de lui. « C'est, m'a-t-elle dit, un » homme qui n'épousera point sa femme pour l'aimer, » et qui lui laissera toute la liberté qui convient... » Je ne sais ce que ma tante veut dire. Qu'est-ce qu'épouser pour ne point aimer? Je n'entends point cela. Ma tante et moi nous nous servons de la même langue, et la plupart du temps, je ne l'entends pas. D'où vient cela, madame? J'ai compris cependant qu'elle avait dessein de me faire épouser ce monsieur le marquis; et voilà ce qui me faisait rêver quand je ne vous ai pas vue.

CIDALISE, *à part.*

Mes soupçons étaient fondés. (*à Julie.*) Eh! quel est votre dessein?

JULIE.

Mais vous-même, madame, vous êtes mon amie; que me conseillez-vous?

CIDALISE.

Mais, mademoiselle, c'est selon. Si, par exemple, vous vouliez suivre la mode?

JULIE.

La mode?... Je sais bien qu'il y en a une pour se coiffer, pour s'habiller; mais est-ce qu'il y en a une pour s'aimer? est-ce que le cœur suit la mode?

CIDALISE.

Non, le cœur ne suit pas la mode; mais la mode est de se passer du cœur.

JULIE.

Oh! bien, cette mode-là ne me vaut rien. Je sens que j'ai un cœur, moi.

CIDALISE.

Oui, fort bien!... Mais c'est toujours un autre cœur qui nous fait sentir le nôtre... Hein?... Cet autre cœur ne serait-il pas celui de Dorante?... Allons, parlez-moi franchement, l'aimez-vous?

JULIE.

Je ne sais, madame; mais quand je le vois... je sens un trouble secret... je ne puis entendre prononcer son nom sans rougir... J'ai du plaisir à le voir... et si je n'ose le regarder... Est-on comme cela quand on aime? Oh! madame, pour celui-là, s'il m'épouse, je suis bien sûre que ce ne sera pas comme le marquis, pour ne pas m'aimer.

DORANTE, *à Julie, en se jetant à ses pieds.*

Non, belle Julie, ce sera pour vous adorer toute ma vie; je le jure à vos pieds.

JULIE, *à part.*

Ah! ciel! (*à Dorante.*) Quoi! vous nous écoutiez, Dorante? (*à Cidalise.*) Quoi! madame, c'est vous?...

CIDALISE.

Je vous ai joué là un tour bien sanglant! (*à Dorante.*) Faites ma paix avec mademoiselle, Dorante. (*elle sort, et Dorante se relève.*)

SCÈNE III.

DORANTE, JULIE.

DORANTE.

PARDONNEZ, mademoiselle, si j'ai voulu connaître vos sentimens. Le véritable amour est toujours rempli de crainte. Le mien n'a jamais osé s'expliquer qu'il n'ait été certain de ne vous pas déplaire... Ah! belle Julie, vous me voyez transporté d'amour et de reconnaissance.

JULIE.

De la reconnaissance? Vous ne m'en devez point, Dorante : si je vous aime, je n'y ai point eu de part; cela s'est fait tout seul.

DORANTE, *se jetant de nouveau à ses pieds.*

Ah! cette tendresse ingénue et naïve augmente encore mon amour et mon bonheur.

SCÈNE IV.

LE MARQUIS, DORANTE, JULIE.

LE MARQUIS, *à Dorante.*

COURAGE! mon petit parent; il me semble que tes affaires ne vont pas mal.

JULIE, *à part, faisant un cri, et se retirant.*

Ah!...

SCÈNE V.

LE MARQUIS, DORANTE.

Vous voyez, marquis, le plus heureux et le plus désespéré de tous les hommes. J'ai le bonheur de ne pas déplaire à Julie; mais son père m'a parlé ce matin d'une façon tout-à-fait propre à m'alarmer. D'où naît ce changement? La comtesse n'a rien de caché pour vous : elle a tout pouvoir sur son frère; vous avez tout crédit sur elle, et vous m'avez promis de me servir. D'où peut naître, encore un coup, ce changement qui me désespère?

LE MARQUIS.

Oh! oh! baron, tu prends un ton bien sérieux! Il faut que tu sois furieusement épris de la petite personne!

DORANTE.

Mille fois plus que je ne puis vous l'exprimer. Julie est à mes yeux un trésor inestimable; et prétendre me la ravir, c'est vouloir m'arracher la vie.

LE MARQUIS.

Trésor inestimable! t'arracher la vie! Voilà de grands mots! et ce ton pathétique que tu y joins... Sais-tu qu'avec le titre suranné de baron tu as rapporté de ton vieux château une façon de penser tout-à-fait gothique, et qu'il n'y a pas jusqu'aux *espèces* qui te trouveront très-ridicule? Je te le dis en ami, mon pauvre baron, très-ridicule.

DORANTE.

Eh! par quelle raison, je vous prie? Quoi donc! l'amour...

LE MARQUIS.

L'amour! l'amour! Ce mot ne signifie plus rien. Apprends donc une fois pour toutes, mon petit parent de province, apprends donc les usages de ce pays-ci. On épouse une femme, on vit avec une autre, et l'on n'aime que soi.

DORANTE.

Apprenez vous-même, monsieur, qu'on ne doit point appeler usages ce que pratiquent peut-être une douzaine de folles et autant de prétendus agréables, dont Molière, s'il revenait au monde, nous donnerait de bons portraits.

LE MARQUIS.

Eh! mais ton vieux Molière, si, comme tu dis, il revenait au monde, crois-tu que les gens comme il faut iraient à ses pièces?

DORANTE.

Oh! non, car du bon, du vrai comique, la mode en est passée. Le rire est devenu bourgeois. On raille, on persiffle; mais on ne rit point.

LE MARQUIS.

Mais, parbleu! mon petit cousin, j'aime à te voir arriver du fond de ta triste baronnie pour nous montrer à vivre. Je t'avertis pourtant en bon parent que ce n'est pas là le moyen de réussir, surtout auprès de la comtesse. Voilà ce qui s'appelle une femme de la meilleure compagnie, par exemple; c'est qu'elle est délicieuse!

DORANTE.

Oh! oui, c'est une femme qui se pique de tous les bons airs, et qui médit éternellement de tout le monde.

LE MARQUIS.

C'est ce que je te dis : une femme charmante!

DORANTE.

A la bonne heure, marquis; mais je serais bien fâché que Julie le fût ainsi, et qu'elle eût surtout, comme sa tante, le bon air de veiller pour veiller. Hier un grand cavagnol; aujourd'hui un bal masqué.

Saurin.   6

LE MARQUIS.

Eh ! que t'importe , mon triste baron ?

DORANTE.

Comment ! que m'importe ?

LE MARQUIS.

Eh ! mais , oui. On ne s'en gêne point. La femme aime à veiller ? Eh bien ! le mari va se coucher. Il se trouve toujours quelqu'un de poli qui empêche la femme d'être seule et de s'ennuyer.

DORANTE.

Vous pouvez vivre ainsi avec votre femme , marquis ; vous êtes à la cour, et vous avez le ton excellent. Pour moi, qui renonce à l'un et à l'autre, j'espère que si ma femme avait ce travers, je saurais lui faire entendre raison.

LE MARQUIS.

Faire entendre raison à sa femme ? Eh bien ! voilà encore de ces idées auxquelles on ne s'attend point.

DORANTE.

Laissons ce persifflage , et revenons à quelque chose de plus intéressant, dont nous sommes écartés ; car avec vous autres gens légers et brillans , qui vous en piquez du moins, on ne peut rien suivre. Répondez-moi nettement: voulez-vous me servir ? dois-je compter sur vous ?

LE MARQUIS.

Eh ! mais... assurément... sans doute.

DORANTE.

Vous dites cela d'un air...

LE MARQUIS.

Veux-tu que je me donne au diable ?

DORANTE.

Non... Mais on prétend que j'ai un rival... Si vous le connaissez, faites-moi le plaisir de lui bien dire de ma part qu'on ne m'ôtera pas impunément ce que j'aime; et qu'avant de posséder Julie... Vous m'entendez , monsieur le marquis... Sans adieu.

(*il sort.*)

SCÈNE VI.

LE MARQUIS, *seul.*

A la bonne heure, baron!... Mais je commencerai toujours par épouser, moi... Ils sont excellens, ces messieurs de province! Parbleu! mon petit cousin, si tu as de l'amour, moi, j'ai des dettes... (*apercevant monsieur Dumont.*) Si je l'avais oublié, voilà un homme qui m'en ferait souvenir. Mons Dumont, mon intendant, un fripon qui me vend au poids de l'or mon propre argent, et qui n'en a pas moins la rage de m'assassiner de mes propres affaires. J'aimerais presque autant avoir un honnête homme.

SCÈNE VII.

LE MARQUIS, DUMONT.

LE MARQUIS.

Eh bien! monsieur, aurai-je de l'argent?

DUMONT.

Oui, monsieur le marquis, vous en aurez; mais...

LE MARQUIS.

Ah! vous êtes un homme charmant, adorable!

DUMONT, *tirant de sa poche un papier et le lui présentant.*

Il faut auparavant signer ce papier : c'est une délégation sur...

LE MARQUIS, *signant sans lire.*

Fort bien, fort bien!

DUMONT.

Mais je ne puis, en honnête homme, m'empêcher de dire à monsieur le marquis qu'il se ruine, et que s'il ne met ordre à ses affaires...

LE MARQUIS.

Ah! monsieur l'honnête homme, volez-moi, pillez-moi : cela est dans l'ordre; mais ne n'ennuyez pas de vos remontrances. Je ne vous en fais pas, moi, et je crois cependant que de nous deux celui qui a le plus droit de me ruiner ce n'est pas vous, mons Dumont.

DUMONT.

Monsieur le marquis plaisante; mais on a une conscience, et...

LE MARQUIS.

Une conscience ? Là, regardez-moi sans rire, si vous le pouvez, mons Dumont. La conscience d'un intendant !

DUMONT.

Eh ! mais... chacun à la sienne.

LE MARQUIS.

Oh ! çà, monsieur l'intendant, mettez la main sur la vôtre, puisque vous en avez une, et convenez franchement que vous seriez bien fâché que je prisse plus garde à mes affaires... Mais, par bleu ! laissez-moi du moins la satisfaction de me ruiner doucement, et sans y penser.

DUMONT.

Ma foi ! monsieur, il n'est point agréable de se voir continuellement aboyé par une meute de créanciers.

LE MARQUIS.

Ne m'avez-vous pas fait arrêter leurs mémoires ?

DUMONT.

Il est vrai.

LE MARQUIS.

De quoi se plaignent donc ces marauds-là ?

DUMONT.

S'ils ne faisaient que se plaindre, patience, ce seraient des plaintes perdues ; mais ils refusent tout net de rien fournir davantage.

LE MARQUIS.

Ils ne savent donc pas que je me sacrifie pour eux, que je me marie... Il me semble que c'est assez bien s'exécuter ?

DUMONT.

J'avoue que votre mariage avec Cidalise...

LE MARQUIS.

Et si j'épousais la fille de ce logis, la petite Julie? Hein ?

DUMONT.

Quoi! monsieur le marquis?...

LE MARQUIS.

Motus! La chose n'est pas encore sûre; et jusqu'à ce qu'elle soit faite le secret est nécessaire... Je veux à tout événement ménager Cidalise. (*il tire sa montre.*) Il est près de cinq heures : il doit être jour chez la comtesse... Bonjour, monsieur Dumont: dites à mes créanciers que s'ils me fâchent, je resterai garçon. (*Dumont sort.*)

SCÈNE VIII.

LA COMTESSE, *en peignoir, suivie de trois laquais,*
LE MARQUIS.

LA COMTESSE, *au marquis.*

AH! vous voilà , marquis. (*à deux de ses laquais.*) Tenez, vous autres, apportez ici ma toilette. (*au troisième laquais.*) Et vous, Comtois, faites descendre mes femmes. Il fait dans ma chambre une fumée odieuse; et je vais me coiffer ici pour le bal. (*au marquis.*) Enfin cet éternel baron, en sommes-nous défaits ?

LE MARQUIS.

Ma foi ! madame, je n'en sais trop rien. Ces petits provinciaux ont un amour bien tenace. Il m'a tenu tantôt des propos, que l'on n'entend plus , auxquels on n'est plus fait. (*les deux laquais placent la toilette et puis se retirent.*)

LA COMTESSE.

Franchement, marquis, il a furieusement le goût du terroir, votre petit cousin. Ma nièce eût été très-malheureuse avec lui : c'est un homme qui aimera sa femme à la désespérer..

LE MARQUIS.

Ce n'est pas là le pis encore ; c'est qu'il aura le vertige d'en vouloir être adoré.

LA COMTESSE.

Ma nièce ne voudrait-elle pas aussi avoir un mari qui l'adorât ? C'est un enfant ; cela ne sait pas encore les usages. Vous les lui apprendrez, marquis... N'allez pas l'aimer , au moins ?

LE MARQUIS.

Quelle folie !

LA COMTESSE.

Oh! je sais bien à qui je la donne. Le bon-homme de père fait des difficultés ; mais on saura le réduire.... Avouez, marquis, que ce mariage va faire bien du dépit à Cidalise ? J'en suis comblée !... A propos, elle nous quitte, la divine Cidalise. Elle part dans un moment pour Paris. Mais dites donc, qui peut avoir mis cette femme à la mode ? Qu'y trouviez-vous donc tous de si ravissant?

LE MARQUIS.

Comtesse, quand on vous a vue, on ne se souvient plus de ses charmes.

LA COMTESSE.

Elle croit avoir des graces : ce ne sont que des mines ; je vous en avertis.

LE MARQUIS.

Il est vrai.

LA COMTESSE.

Une femme qui joue le sentiment, comme si l'on y croyait encore ; qui, à titre de bégueule respectable, ennuie tout le monde de ses tristes moralités, et fait un étalage de vertu... dont on n'est point la dupe.

LE MARQUIS.

Ah ! pour cet article, comtesse...

LA COMTESSE.

Mais vous la défendez cruellement, monsieur !

SCÈNE IX.

LA COMTESSE, CIDALISE, LE MARQUIS.

LA COMTESSE, *à Cidalise.*

Bonjour, reine. Tenez, nous parlions de vous, le marquis et moi, et nous en disions bien du mal.

LE MARQUIS, *à Cidalise.*

Oui, beaucoup.

CIDALISE, *d'un ton à demi-sérieux.*

Ecoutez, je vous en crois tous deux fort capables.

SCENE IX.

LE MARQUIS, *se recriant.*

Ah !

LA COMTESSE, *à Cidalise.*

Quelle folie !

CIDALISE.

Oh! oui, très-capables.

SCÈNE X.

LA COMTESSE, CIDALISE, LE MARQUIS, FINETTE, UNE AUTRE FEMME DE LA COMTESSE, *et qui lui apporte un domino.*

CIDALISE, *à la comtesse, en jetant les yeux sur le domino qu'on étale sur une chaise, près de la toilette.*

Vous avez là un joli domino.

LA COMTESSE.

Trouvez-vous ?

CIDALISE.

Charmant !... Oh ! çà, je vous demande pardon, madame, mais je ne puis m'arrêter. Mes chevaux sont mis, et il faut que je parte à l'instant.

LA COMTESSE.

Quoi! sans s'asseoir?,.. nous quitter si vite... mais j'en suis furieuse !

CIDALISE.

Vous aurez la bonté de m'excuser, mais...

LA COMTESSE.

Et ce pauvre marquis, que voulez - vous qu'il devienne ?

CIDALISE.

Je le laisse avec vous, madame ; il n'est pas à plaindre.

LA COMTESSE.

Oh! de la jalousie !... Moi qui suis votre amie.

CIDALISE.

Je reconnais votre amitié, madame.

LA COMTESSE.

Vous devez y compter au moins, vous le devez.

CIDALISE.

J'y compte aussi comme je le dois, madame... Laissez-moi aller, de grace !

LA COMTESSE.

Vous l'ordonnez ?

CIDALISE.

Je vous en prie. (*à part.*) Les voilà bien dans l'erreur, Allons vite nous habiller pour le bal.

(*elle sort.*)

SCÈNE XI.

LA COMTESSE, LE MARQUIS, FINETTE. UNE AUTRE FEMME DE LA COMTESSE.

LA COMTESSE , au marquis.

VOILA une petite personne bien complètement ridicule!... Vous êtes tout honteux de ce bel attachement, marquis ?

LE MARQUIS.

Moi, point... Elle a eu son moment de vogue, et vous savez...

LA COMTESSE.

Cela vous excuse, j'en conviens... Mais voici le père de Julie : laissez-moi avec lui; je vais le mettre à la raison. Vous rentrerez dans quelques instans.

(*le marquis sort et salue Géronte qui entre.*)

SCÈNE XII.

GÉRONTE, LA COMTESSE, FINETTE, UNE AUTRE FEMME DE LA COMTESSE.

LA COMTESSE, à Géronte, en se mettant à sa toilette.

EH bien! monsieur, tout est-il prêt pour le bal?

GÉRONTE.

J'ai moi-même fait ajuster la salle, et avec goût, j'ose m'en vanter. Je ne vous parle point de la dépense ; mais, en vérité, ma sœur, je voudrais bien que pour l'intérêt de votre santé vous prissiez des plaisirs moins fatigans: Dites-moi donc quel charme vous trouvez à veiller toute

la nuit, pour dormir tout le jour? Est-ce que le plaisir
d'un beau soleil...

LA COMTESSE.

Eh fi! monsieur, c'est un plaisir ignoble! Le soleil
n'est fait que pour le peuple.

GÉRONTE.

Ma sœur, j'ai lu quelque part qu'il n'y a de vrais plaisirs que ceux du peuple, qu'ils sont l'ouvrage de la nature, que les autres sont les enfans de la vanité, et que
sous leur masque on ne trouve que l'ennui.

LA COMTESSE.

Mais voilà qui est bien écrit, au moins! Vous lisez
donc quelquefois, monsieur? Vraiment j'en suis ravie!
Je croyais votre bibliothèque un meuble de parade...
Oh! vous feriez mieux de consulter les gens de goût : le
marquis, par exemple. Il vous dira que le soleil éteint
tout autre éclat; qu'il faut à la beauté un jour plus doux;
qu'une jolie femme l'est surtout aux lumières ; et qu'elle
doit, comme les étoiles, disparaître au lever du soleil.

GÉRONTE.

Mais je connais des femmes qui...

LA COMTESSE.

Oui, des *espèces.* La petite Bélise, par exemple, chez
qui nous soupâmes dernièrement. Je fus obligée d'en
sortir à minuit, et d'aller avec le marquis chercher quelque endroit où passer la soirée.

GÉRONTE.

Oh! il a comme vous la fureur de veiller, le marquis...
Je vous avoue, ma sœur, que plus j'y pense et moins
je puis me déterminer à le préférer à Dorante.

LA COMTESSE, *ironiquement.*

Dorante?

GÉRONTE.

Je sais comme vous qu'il a des façons de penser très-
extraordinaires, et qu'il soutient des thèses ..

LA COMTESSE.

Dorante, monsieur?

GÉRONTE.

Mais il joint un bien considérable à une grande naissance.

Saurin. 7

LA COMTESSE, *en haussant les épaules.*

Dorante !

GÉRONTE.

J'avoue...

LA COMTESSE.

Allez, allez, monsieur, vous n'y pensez pas.

GÉRONTE.

Votre marquis n'a rien, et croit encore nous honorer
beaucoup.

LA COMTESSE.

Il a un beau nom et un régiment ; bien venu partout.
Appelez-vous cela rien ?

GÉRONTE.

A peu près. Tout cela, bien additionné, ne fait souvent en somme que de la fatuité et des dettes.

LA COMTESSE.

Encore, monsieur, le mérite de la naissance...

GÉRONTE.

L'argent, morbleu ! l'argent ; voilà ce que j'appelle du
mérite, moi : je veux un mérite qui rapporte. Dites-moi
ce qu'un homme a, je vous dirai ce qu'il vaut. Il n'y a
que cela de réel. Esprit, naissance, qu'est-ce que cela
produit par an ?

LA COMTESSE.

Ah ! fi, l'horreur !

GÉRONTE.

Mon dieu, ma sœur, parce que vous êtes de qualité,
vous vous piquez de grands sentimens : je m'attache au
solide, moi.

LA COMTESSE.

On voit cependant qu'au milieu de vos richesses la
qualité en impose à vous et à vos semblables.

GÉRONTE.

Parce que nous sommes des sots. Cela est plus fort
que nous, il est vrai.

LA COMTESSE, *d'un air imposant.*

Laissons cela, monsieur, et revenons au marquis.
C'est un homme qui vous convient pour gendre.

GÉRONTE.

Mais...

LA COMTESSE, *baillant.*

Oh! çà, monsieur, allez-vous me donner mes vapeurs? Vous êtes d'une contradiction...

GÉRONTE.

Non, non, ma sœur, non.

LA COMTESSE.

Ah! vous savez que j'ai une délicatesse de nerfs, une sensibilité... ce sont des cheveux que mes nerfs, et vous avez la cruauté...

GÉRONTE.

Pardon, ma sœur. Voilà qui est fait; le marquis sera mon gendre... Il faudrait pourtant savoir si ma fille...

LA COMTESSE.

Votre fille, monsieur, est d'un âge où l'on ne connaît ni soi, ni les autres.

GÉRONTE.

On pourrait...

LA COMTESSE.

Le marquis est en passe de tout ; il y a même un duché dans sa maison, et qui pourrait lui tomber un jour. Ne serait-il pas bien flatteur pour vous que votre fille eût le tabouret?

GÉRONTE.

Le grand avantage d'avoir un tabouret ailleurs, quand on peut avoir un bon fauteuil chez soi !

LA COMTESSE.

Ailleurs... En vérité, monsieur, vous vous servez de termes...

GÉRONTE.

Bon! n'allez-vous pas me chicaner sur un mot ?

LA COMTESSE.

Que ce soit donc une chose finie.

SCÈNE XIII.

LE MARQUIS, LA COMTESSE, GÉRONTE, FINETTE, UNE AUTRE FEMME DE LA COMTESSE.

LA COMTESSE.

Ah! monsieur le marquis, vous venez à propos. Voici le père de Julie qui agrée votre recherche et s'en tient fort honoré.

GÉRONTE, *au marquis.*

Oui, monsieur.

LE MARQUIS.

C'est moi, monsieur, qui...

LA COMTESSE.

Oh! des complimens! de l'ennui. (*à Géronte.*) Allez, monsieur, allez présenter monsieur le marquis à Julie; cela vaudra mieux que tous les complimens du monde. (*Géronte sort et emmène le marquis.*)

SCÈNE XIV.

LA COMTESSE, FINETTE, UNE AUTRE FEMME DE LA COMTESSE.

LA COMTESSE, *à Finette.*

CES petits bourgeois ont des idées bien étranges!... Mais parlons de quelque chose qui soit plus agréable... Ne le trouves-tu pas charmant, Finette!

FINETTE.

Qui, madame?

LA COMTESSE.

Le marquis... Mais c'est un homme unique!

FINETTE.

Je vois, madame, qu'il a fort le bonheur de vous plaire.

LA COMTESSE.

Assurément! (*tout en causant, la toilette va son train.*) Voilà une boucle qui tombe; relevez-là... Son air m'enchante, son ton, ses manières. C'est qu'il est de ces gens dont une femme se fait honneur.

FINETTE.

Ma foi, madame, je n'entends rien à cet honneur-là; il n'est apparemment qu'à l'usage des grandes dames. Quant au marquis, je n'oserais vous répéter ce qu'on en dit : il vous plaît; et je me tais.

LA COMTESSE.

Quelle gaucherie! comme vous mettez cette plume... Eh! qu'en dit-on, je vous prie, mademoiselle? Parlez; je vous l'ordonne.

FINETTE.

Puisque vous le voulez, madame; on dit que ce n'est qu'un fat, mis à la mode par deux ou trois coquettes.

LA COMTESSE.

N'en dit-on que cela?... Vous m'assommez la tête... Va, ma pauvre enfant, les mots de fat et de coquette ont été inventés par l'envie pour dénigrer les hommes aimables et les jolies femmes. Apprends de moi que tout homme est fat quand il a de quoi l'être, et que, de son côté, avec de l'esprit et des graces, toute femme est coquette.

FINETTE.

Quoi! madame...

LA COMTESSE, *en minaudant devant son miroir.*

Est-il rien de plus flatteur que de plaire, que d'être entourée d'une foule d'adorateurs dont on fait le sort avec un souris, un mot, un regard? Une coquette est la reine du monde; d'un coup-d'œil elle encourage le timide, glace le téméraire, échauffe l'indifférent, donne la loi à tous, et ne la reçoit que d'elle seule.

FINETTE.

Tout cela n'est que le triomphe de la vanité; et sans le cœur, madame...

LA COMTESSE.

Tu lis de vieux romans, ma pauvre Finette?

FINETTE.

Mais vous aimez le marquis?

LA COMTESSE.

Dis que je l'enlève à la divine Cidalise.

FINETTE.

Et pour cela vous lui faites épouser Julie? Mais si elle vengeait Cidalise? si Julie allait plaire au Marquis?

LA COMTESSE, *en se donnant des graces.*

Julie? Un enfant novice au monde, qui n'entend rien à l'art de plaire, qui ne se doute pas même qu'il y en ait un?

FINETTE.

Oui, mais la nature s'y entend pour elle. Sans songer à plaire, Julie se montre et plaît. On ne peut disconvenir qu'elle soit charmante?

LA COMTESSE , *en haussant les épaules.*

Charmante?... Donnez-moi d'autre rouge ; celui-là est pâle comme la mort.

FINETTE.

Elle a les plus beaux yeux du monde.

LA COMTESSE , *en mettant du rouge.*

De grands yeux qui ne disent mot.

FINETTE.

La bouche ?

LA COMTESSE.

Trop petite.

FINETTE.

Le teint ?

LA COMTESSE.

D'une blancheur fade.

FINETTE.

Tous les traits ?

LA COMTESSE.

Sont bien si l'on veut; mais l'ensemble !

FINETTE.

Un caractère naïf et vrai.

LA COMTESSE.

Voilà comme on donne de beaux noms à tout.

SCÈNE XV.

LA COMTESSE , JULIE , *en habit de bal,* FI-NETTE , UNE AUTRE FEMME DE LA COMTESSE.

LA COMTESSE , *à Julie.*

Ah ! vous voilà , Julie ? vous venez me faire voir votre habit de bal ?.... Fort bien !... Il vous sied à merveille ! (*à part.*) Quel air gauche !

JULIE.

Oh ! je vous assure , ma tante , que ce n'est point du tout là ce qui m'occupe.

LA COMTESSE , *à part.*

Sa tante ! (*à Julie*) Eh ! qu'y a-t-il , mademoiselle , de plus digne de vous occuper ? La parure met nos charmes en valeur , on n'y peut employer trop d'art et de soins.

JULIE.

Pour qui voudrais-je me parer ? On veut que je renonce à Dorante. Mon père me donne au Marquis. Il vient de me le déclarer, et de me présenter à ce marquis, qui m'a parlé d'un ton... d'un air!... En vérité, ma tante, il croit en m'épousant faire beaucoup de grace à mon père et à moi.

LA COMTESSE.

Au moins, mademoiselle, est-il sûr qu'il vous fait honneur : avec des gens de sa sorte il ne faut pas que ceux de la vôtre y regardent de si près.

JULIE.

Les gens de sa sorte doivent avoir des sentimens ; et c'est bien en manquer que de dédaigner par orgueil des gens à qui on s'allie par avarice.

LA COMTESSE.

Petites idées, mademoiselle, ignorance des choses du monde. C'est la convenance qui fait les mariages. Vous mettez le marquis en état de figurer suivant son rang : il vous met, lui, à portée de briller dans une sphère qui n'était pas faite pour vous. Vous serez présentée; vous irez à la cour : voilà l'essentiel.

JULIE.

L'essentiel c'est de s'aimer, ma tante.

LA COMTESSE.

Fi donc, mademoiselle ! Pensez au plaisir que vous allez avoir d'être femme de qualité, et de vivre à la cour. Est-ce qu'en y songeant seulement le cœur ne vous bat pas de joie ? (*à Finette, en se levant de sa toilette.*) Allons, Finette, venez me passer mon domino. (*elle sort avec Finette et son autre femme.*)

JULIE.

Ma tante a beau dire : être femme de qualité, vivre à la cour, cela n'est point le bonheur... « Est-ce que » le cœur ne vous bat pas de joie ? » dit-elle : comme s'il y avait là quelque chose pour le cœur !...

SCÈNE XVI.

DORANTE, *en domino et masqué*, JULIE.

JULIE, *à part en voyant entrer un masque qu'elle ne
reconnaît pas d'abord.*
Mais qui est ce masque ? (*reconnaissant Dorante
qui ôte son masque.* (Ah ! c'est vous, Dorante. (*à
part.*) C'est à présent que le cœur me bat. (*à Dorante,
qu'elle voit en colère.*) Qui cherchez-vous donc avec
cet air furieux ?

DORANTE.
Qui je cherche, mademoiselle ?.... On vous donne
au marquis, et j'ai un compliment à lui faire... Ah !
Julie, je n'espère qu'en vous ! Je meurs si vous m'a-
bandonnez !

JULIE.
Calmez-vous, Dorante ; vous me faites trembler.

DORANTE.
Ah ! mademoiselle, ce n'est pas mon intérêt qui
m'anime, c'est le vôtre. Si ce mariage faisait votre bonheur, je saurais vous perdre et mourir ; mais vous voir
indignement sacrifiée !... Non.

JULIE.
Tranquillisez-vous encore une fois, et soyez sûr qu'il
n'y a point de parti que je ne prenne plutôt que d'être
au marquis. Je me jetterai aux pieds de mon père : il
m'aime. (*entendant venir quelqu'un.*) Mais on vient
modérez-vous, de grace ! et rentrons dans la salle du
bal, concerter ensemble nos mesures. (*elle sort avec
Dorante.*)

SCENE XVII.

GÉRONTE, *seul.*

Ce marquis ne plaît pas à ma fille.... Je crains bien
que ma sœur ne m'ait fait faire une sottise... C'est une
chose singulière que les femmes, et cet ascendant qu'elles
prennent sur nous. N'ont-elles rien de bon à nous répondre ? elles se mettent à pleurer. On tient bon : elles
sanglottent... Si on ne se rend pas, ce sont des éva-

nouissemens , des vapeurs ! On a beau avoir raison et
le leur prouver , il faut toujours finir par avoir tort , et
faire ce qu'elles ont résolu... Après tout , le marquis est
un homme de la cour ; ma fille sera présentée : elle peut
un jour avoir le tabouret... Cela est bien flatteur... Oui ;
la comtesse le dit , et il faut bien que cela soit puisque
la plupart de mes confrères marient ainsi leurs filles.
(*écoutant.*) J'entends les violons... Actuellement le bal
est en train... Ma foi ! c'est un plaisir bien fou... Met-
tons-nous dans un coin , et dormions de notre mieux
sur ce sopha. (*il se jette dans un coin sur un sopha.*)

SCÈNE XVIII.

CIDALISE , *en domino et tenant son masque à la
main ,* GÉRONTE , *sur le sopha , et peu après* LE
MARQUIS.

CIDALISE , *à part.*

LE marquis me suit. Il me croit à Paris. J'ai le même
domino que la comtesse. Il me prend pour elle : sachons
s'il me trahit. (*elle met son masque.*)

LE MARQUIS, *à Cidalise qu'il prend pour la comtesse.*

Je vous cherchais, comtesse. Je viens de voir Julie
avec un masque qui ressemble fort à Dorante. J'ai peur
que la petite personne n'en soit entêtée.

CIDALISE , *contrefaisant la voix de la comtesse.*

Que vous importe ?

LE MARQUIS.

J'avoue que je ne vise pas au cœur de Julie. C'est
ici un mariage d'argent. En échange d'une grosse dot ,
je lui donne mon nom et ma livrée ; car vous jugez bien
qu'il n'y aura que cela de commun entre elle et moi.
Quant au beau-père , c'est un intendant que je prends ,
et un intendant d'espèce nouvelle.

GÉRONTE , *à part , sur le sopha.*

Un intendant ? Oui-dà ! Ecoutons. (*il feint de dormir.*

LE MARQUIS.

D'ordinaire nos intendans nous ruinent ; et je compte
bien que ce sera moi qui ruinerai celui ci... Mais...

CIDALISE, *à part.*

Ne me voilà que trop bien éclaircie ! Le traître !

LE MARQUIS.

Que dites-vous ?

CIDALISE.

Eh bien ! mais ?

LE MARQUIS.

Le mariage n'est pas fait. Géronte n'a consenti qu'avec peine ; et je crains que Dorante et Julie ne fassent naître des obstacles.

CIDALISE.

N'est-ce point que vous sentez vous-même quelque chose qui vous arrête ; et que Cidalise vous tient encore au cœur ?

LE MARQUIS.

Cidalise !... Ah ! vous plaisantez, comtesse !

CIDALISE.

Non. Toute sa rivale que je suis, je l'estime, et....

LE MARQUIS.

Oh ! parbleu ! comtesse, encore un coup, vous voulez rire ? Une petite minaudière qui a la prétention du sentiment ; de l'affectation au lieu de graces ; du jargon au lieu d'esprit. Vous avez donc oublié ce que nous en avons dit tantôt, et combien vous et moi l'avons chamarrée de ridicules ?

CIDALISE, *à part.*

L'abominable homme !... Contraignons-nous encore.

LE MARQUIS, *à part, reconnaissant Cidalise.*

C'est la voix de Cidalise, ô ciel !... Tâchons de nous retourner.

CIDALISE.

Mais cependant elle s'attendait à recevoir votre main ; et vous devez du moins vous faire quelque reproche de l'avoir trompée ?

LE MARQUIS.

Je m'en ferais un de l'inquiéter plus long-temps.... Belle Cidalise, cessez de feindre ; je vous ai reconnue d'abord.

CIDALISE.

Quoi ! monsieur le Marquis ?...

LE MARQUIS.

Oui, madame. Pour vous punir de votre méfiance j'ai feint de vous prendre pour la comtesse ; mais quelle différence ! Elle a bien quelque chose de votre taille et de votre voix, mais cette grace toute particulière, mais cette façon noble de se présenter... (*en ce moment la comtesse arrive, masquée et avec un domino pareil à celui de Cidalise, et elle s'approche doucement d'elle et du marquis.*)

SCÈNE XIX.

LA COMTESSE, CIDALISE, LE MARQUIS ; GÉRONTE, *sur le sopha.*

CIDALISE, *à part, en apercevant entrer la comtesse.*

Bon ! voilà la comtesse... Le hasard est heureux... (*au marquis.*) On ne peut nier, monsieur le marquis, que la comtesse n'ait des charmes ?

LE MARQUIS.

Je crois qu'on peut tout au plus se souvenir qu'elle en a eu.

LA COMTESSE, *à part.*

Est-ce de moi qu'il parle ?

CIDALISE, *au marquis, en le faisant regarder du côté opposé à celui par lequel la comtesse est entrée.*

N'ai-je pas entendu quelque bruit ?...(*le marquis regarde au fond du théâtre, et, pendant ce temps-là, Cidalise substitue la comtesse à sa place, puis elle se cache derrière le marquis.*)

CIDALISE, *bas, à la comtesse.*

A vous le dé, comtesse.

LE MARQUIS, *se retournant, à la comtesse, qu'il prend pour Cidalise.*

Il n'y a personne... Que disiez-vous de la comtesse ?

LA COMTESSE, *contrefaisant la voix de Cidalise.*

Mais je disais qu'elle n'a point encor passé l'âge de la jeunesse.

LE MARQUIS.

Dites qu'elle s'y croit toujours, parce qu'elle en a tous les travers.

LA COMTESSE.

On vante son esprit.

LE MARQUIS.

On vante donc ce qu'on ne connaît pas. Pour moi je n'ai vu à la comtesse que des airs et des prétentions. Joignez-y le ridicule de traiter Géronte de petit bourgeois, comme si elle n'était plus la parente de son frère, et ses vapeurs de commande, que ce benêt de frère prend pour bonnes !

LA COMTESSE, *se démasquant.*

Je n'y puis plus tenir.

LE MARQUIS, *à part et étonné.*

Que vois-je ?

LA COMTESSE.

Celle dont vous faites un si beau portrait, monstre que vous êtes !

CIDALISE, *au marquis, en passant de l'autre côté, et le tirant par la manche.*

Vous mériteriez bien aussi quelque épithète de ma part ; mais je m'en tiens au mépris.

GÉRONTE, *se levant de dessus le sopha et s'avançant, au marquis.*

Et moi qui était dans ce coin, d'où j'ai tout entendu, trouvez bon, monsieur le marquis, que je me joigne à ces dames, et que je vous conseille de vous pourvoir d'un autre intendant. Je ne me sens pas digne de l'honneur d'être ruiné par vous.

SCÈNE XX.

GÉRONTE, LA COMTESSE, CIDALISE, DO-RANTE, LE MARQUIS, JULIE.

JULIE, *à Géronte en se jetant à ses pieds, avec Do-rante.*

SOUFFREZ, mon père, que Dorante et moi nous embrassions vos genoux !

GÉRONTE, *la relevant ainsi que Dorante.*

Levez-vous, ma fille. Embrassez-moi, Dorante : vous serez demain mon gendre.

LE MARQUIS, *en se retirant.*

Monsieur... je vous baise les mains. (*il sort.*)

DORANTE, *à Géronte.*

Ah ! monsieur, quelles graces !...

JULIE, *à Géronte.*

Ah ! mon père, quels remerci emens !...

GÉRONTE, *à la comtesse.*

Eh bien ! ma sœur , vous voyez que j'avais raison ?

LA COMTESSE.

Oui, monsieur : mariez votre fille avec Dorante J'abjure à jamais le marquis et ses semblables.

GÉRONTE.

C'est bien dit... Continuons le bal... Je n'aime pas la danse ; mais je suis si content d'être défait de ce vaurien de marquis, que jamais fête ne m'aura tant diverti. (*à Julie et à Dorante.*) Et vous , mes enfans , donnez-vous la main , et aimez-vous bien tous deux en dépit de la mode et des mœurs du temps.

FIN DES MOEURS DU TEMPS.

BLANCHE

ET GUISCARD,

TRAGÉDIE EN CINQ ACTES,

DE

SAURIN;

Représentée, pour la première fois, en 1763.

PERSONNAGES.

LE COMTE DE GUISCARD.

LE COMTE OSMONT, connétable de Sicile.

SIFFREDI, grand-chancelier.

BLANCHE, fille de Siffredi.

LAURE, amie et confidente de Blanche.

RODOLPHE, frère de Laure, et confident de Guiscard.

GARDES.

La scène est à Palerme, ville de Sicile, dans le palais des rois, pendant les deux premiers actes ; et à Belmont, maison de plaisance de Siffredi, aux portes de Palerme, pendant les trois derniers.

BLANCHE
ET GUISCARD,
TRAGÉDIE.

ACTE PREMIER.
SCÈNE Ire.

BLANCHE, LAURE.

BLANCHE , *à part.*

O JOUR pour la Sicile à jamais déplorable !
Du meilleur de nos rois ô perte irréparable !
Il n'est donc plus d'espoir, et de nos heureux jours
L'astre brillant s'éteint au midi de son cours !

LAURE.

Tout de sa fin prochaine annonce les présages ;
Le trouble et la terreur sont peints sur les visages.

BLANCHE.

Triste effet du retour que chacun fait sur soi !
Nous n'éprouvons jamais un si lugubre effroi,
Qu'alors que nous voyons de cette haute sphère,
Où la splendeur du trône éblouit le vulgaire,
Tomber ces dieux mortels, et, semblables à nous,
Rentrer au sein commun d'où nous sortîmes tous ;
Du néant des humains cette image frappante
Jette en l'ame glacée une sombre épouvante...
Je ne sais, chère Laure... en ce fatal moment,
Je sens que dans mon cœur un noir pressentiment
Se mêle à l'intérêt de la perte publique.
Nous admirions du roi la sage politique ;
Mais, s'il nous est ravi, le trône est à sa sœur.
Le connétable Osmont a toute sa faveur ;
Tu connais sa fierté, son arrogance extrême :

Saurin.   8

Ministre de l'état, et magistrat suprême,
Mon père contre Osmont a souvent éclaté ;
Inébranlable appui de ce trône agité,
Son zèle toujours pur, son cœur patriotique,
Ses rigides vertus, dignes de Rome antique,
Ont long-temps divisé le connétable et lui ;
Osmont le doit haïr, et je crains qu'aujourd'hui...

LAURE.

Quoi ! leur réunion n'est-elle pas sincère ?
Hier, vous le savez, Osmont et votre père
Tous deux dans ce palais s'entretinrent long-temps,
Et parurent sortir l'un de l'autre contens.
Osmont est trop altier pour daigner se contraindre :
Siffredi, votre père, ignore l'art de feindre.

BLANCHE.

Mais il est dans l'état deux partis ennemis :
Le roi, prudent et ferme, a tenu tout soumis ;
Sous Constance bientôt les troubles vont renaître,
Et de mon cher Guiscard me séparer peut-être.

LAURE.

Vaines craintes d'un cœur trop plein de son amant,
Et trop ingénieux à faire son tourment.
Vous savez si Guiscard est cher à votre père.

BLANCHE.

Ah ! qu'à sa fille encor il a bien mieux su plaire !
Mais jusqu'ici d'où vient qu'éloigné de la cour,
A Palerme avec nous il n'est pas de retour ?
Mon cœur languit privé d'une si chère vue.

LAURE.

Sa présence à vos vœux sera bientôt rendue ;
Le roi l'a fait mander, et cet ordre pressant
A, dit-on, pour motif un secret important.

BLANCHE.

Je ne sais ; mais pour moi Guiscard est un mystère.
Guiscard, à ce qu'on dit, eut un héros pour père,
Qu'aux champs de l'Idumée un saint zèle entraîna,
Et que des Sarrasins le fer y moissonna :
De ce noble guerrier, mort au sein de la gloire,
Mon père dans le fils honora la mémoire :
Dans les bois de Belmont, séjour cher à mon cœur,

Lui-même cultiva ce jeune arbre en sa fleur :
Il servit à Guiscard et de père et de maître ;
Mais ce héros enfin dont il a reçu l'être,
Et qui lui fut ravi dès ses plus jeunes ans,
N'a-t-il point à son fils laissé quelques parens ?
Guiscard reste-t-il seul d'une illustre famille ?
Je ne sais quoi d'auguste en sa personne brille :
Dans l'ame de mon père, émue à son aspect,
J'ai cru plus d'une fois entrevoir le respect.
Ton frère, qu'à son sort un tendre intérêt lie,
Rodolphe, ne croit-il que ce qu'on en publie ?

LAURE.

Comme vous il balance, et dans l'obscurité
Son esprit incertain cherche la vérité ;
Mais Guiscard, plein d'ardeur, sans former aucun doute,
Ne pense qu'à s'ouvrir une brillante route :
Il se plaint que le ciel, de son bonheur jaloux,
Ait rendu son destin si peu digne de vous.

BLANCHE.

Il l'est par ses vertus... Daigne ne me rien taire ;
Il parle donc de moi quelquefois à ton frère ?

LAURE.

Dans tous leurs entretiens, d'accord avec son cœur,
Sa bouche aime à vous rendre un hommage flatteur.

BLANCHE.

Ah ! tu ravis mon ame... en me flattant peut-être.

LAURE.

Non ; et de ce beau feu qu'en lui Blanche a fait naître,
Plus que je ne vous dis le comte est occupé ;
Et de sa noble ardeur Rodolphe est si frappé,
Qu'en parlant de l'amour il semble amant lui-même :
L'amour est pour nos cœurs, dit-il, le bien suprème ;
Non cet amour qui règne en un cœur amolli,
Par qui plus d'un héros s'est souvent avili,
Mais ce céleste feu, cette divine flamme,
Qu'un digne objet allume, et qui porte en notre am
De toutes les vertus le germe précieux,
Le plus beau des présens que nous ont faits les cieux
Des grandes actions source heureuse et féconde,
L'ame, à la fois la gloire et le bonheur du monde.

BLANCHE, *à part.*

O vertueux ami !

LAURE.

Guerrier simple et sans art,
Ce n'est qu'en l'admirant qu'il parle de Guiscard.

BLANCHE.

Eh que dit-il de lui, chère Laure ?

LAURE.

Il assure
Que par les heureux dons qu'il tient de la nature,
Guiscard honorerait le sang même des rois ;
Que tous les malheureux sur son cœur ont des droits ;
Qu'ardente, courageuse, et vraiment maganime,
Son ame du héros a l'empreinte sublime ;
Que toutes les vertus dont brille en lui la fleur,
Rare présent du ciel, ont leur germe en son cœur;
Qu'avec un naturel dont la fougue l'emporte,
La raison le ramène et se rend la plus forte.

BLANCHE, *vivement.*

Il ne le flatte pas... Ah ! pour un tendre cœur
S'il est, ma chère Laure, un plaisir enchanteur,
C'est de voir applaudir le digne objet qu'on aime,
De s'entendre louer dans un autre soi-même :
Notre ame éprouve alors un si doux sentiment !
C'est louer plus que nous que louer notre amant

LAURE.

On vient... C'est votre père.

SCÈNE II.

SIFFREDI, BLANCHE, LAURE.

SIFFREDI, *à un homme de sa suite en dehors et qu'on
ne voit pas.*

Ici je vais l'attendre :

(*à Blanche.*)

Le comte de Guiscard en ce lieu va se rendre.
Ma fille, laissez-nous.

BLANCHE.

Quel est l'état du roi,

Mon père?

SIFFREDI.

Des mortels il a subi la loi;
Ma fille', il est passé dans ce monde terrible
Où des faibles humains le juge incorruptible
Voit frémir à ses pieds nos maîtres abattus,
Sans garde, et protégés de leurs seules vertus.

BLANCHE.

La mort d'un vol bien prompt l'a conduit à son terme.

SIFFREDI.

Il l'a vu s'approcher, mais d'un œil toujours ferme,
Ne demandant au ciel qu'un moment de retard
Qui lui permît de voir et d'embrasser Guiscard.

BLANCHE, *avec une émotion marquée.*

Guiscard!... le roi!... mon père!

SIFFREDI.

Eh bien! au nom du comte,
Ma fille, d'où vous vient une rougeur si prompte,
Cet intérêt, ce trouble, et cette émotion?

BLANCHE, *avec embarras.*

Mon père... il est le fils de votre adoption;
Je prends part à son sort comme à celui d'un frère.

SIFFREDI.

Il suffit. Laissez-moi; vous saurez ce mystère.

(*Blanche sort avec lui.*)

SCÈNE III.

SIFFREDI, *seul.*

CIEL! que dois-je penser? et que viens-je de voir?
S'aiment-ils? O malheur que j'aurais dû prévoir!
Oui, son trouble a trahi le secret de son ame...
Ah! qu'ils n'espèrent pas que j'approuve leur flamme!
Guiscard doit se soumettre aux volontés du roi:
De l'hymen de Constance on lui fait une loi;
Le repos de l'état sur cette loi se fonde;
Et, s'agît-il pour moi de l'empire du monde,
Je dois de tout mon sang, s'il le faut, la sceller.
D'ailleurs Blanche est promise: Osmont m'a fait parler;
J'ai fait une réponse à ses vœux favorable:

Ma fille pour époux aura le connétable;
Cet hymen politique est un point arrêté,
Le bien public m'en fait une nécessité.
La plus haute grandeur n'offre rien qui me tente :
Mon devoir est sacré, ma parole constante.
Périsse le mortel, périsse le cœur bas
Qui, portant dans ses mains le destin des états,
Plein des vils sentimens que l'intérêt inspire,
Immole à sa grandeur le salut d'un empire!...
Mais le comte paraît... je vais lire en son cœur.

SCÈNE IV.

GUISCARD, SIFFREDI.

GUISCARD.

Seigneur, dans vos regards je vois notre malheur;
La nouvelle à Palerme en est déjà semée,
Et par votre douleur m'est trop bien confirmée.
Il n'est donc plus, hélas! ce roi chéri de tous!
La mort nous le ravit.

SIFFREDI.

        Oui, le ciel en courroux
Vient de nous retirer son présent le plus rare,
Un roi qui, de nos biens, de notre sang avare,
A conquérir les cœurs mit son ambition,
Et qui, bon sans faiblesse, en mérita le nom;
Titre au-dessus de grand, qu'insensés que nous sommes,
Nous prodiguons souvent aux oppresseurs des hommes :
Du trône il écarta ces mortels bas et faux
Qui du bonheur public infectent les canaux,
Esclaves que le prince écoute et mésestime;
Il fut sourd à la brigue : il tenait pour maxime
Qu'un roi doit préférer, obsédé comme il l'est,
Un ami qui l'afflige, au flatteur qui lui plaît.
On ne vit point, au sein de l'horrible misère,
Le laboureur gémir du bonheur d'être père,
Ni du luxe, engraissé de son sang précieux,
Les palais insolens s'élever jusqu'aux cieux;
Protecteur éclairé des talens, du génie,
Encourageant les arts, animant l'industrie,

Sachant récompenser et punir à propos ;
Père enfin de son peuple, il fut plus que héros.

GUISCARD.

Le deuil couvre la ville, et dans toutes les places
La douleur se produit sous différentes faces ;
Mais du palais désert les courtisans ingrats
Vers celui de Constance ont tous porté leurs pas.

SIFFREDI.

S'ils vont la saluer comme leur souveraine,
Croyez, noble Guiscard que leur attente est vaine.

GUISCARD.

N'est-elle pas la sœur de notre dernier roi,
Et fille du tyran qui, dans le grand Mainfroi,
S'immola le héros et l'aîné de sa race ?

SIFFREDI.

Ce tyran détesté, que le meurtre et l'audace
Du trône fraternel rendirent possesseur,
D'un rang payé si cher goûta peu la douceur ;
D'un déluge de sang il couvrit la Sicile ;
Enfin, après deux ans d'un règne peu tranquille,
Guillaume-le-Cruel emporta chez les morts
Cet odieux surnom, son crime et ses remords.
Au roi que nous pleurons il laissa la couronne.
Constance en est la sœur ; et toutefois au trône
Un héritier plus juste a des droits plus certains.

GUISCARD.

Eh ! qui peut donc prétendre à de si hauts destins ?

SIFFREDI.

Sachez que de Roger un descendant respire.

GUISCARD.

De ce fameux Roger qui fonda cet empire ?

SIFFREDI.

Oui, le fils de Mainfroi.

GUISCARD.

       Mon cœur en est charmé ;
Un prince reste encor de ce sang renommé
Dont un âge barbare emprunta tout son lustre.
Ah ! de tant de héros le successeur illustre,
Le fils du grand Mainfroi voudra lui ressembler !

SIFFREDI.

Cet enfant, dont le sort vient de se révéler,
A crû, dans le silence, en vertus, en années ;
On lui cacha toujours ses hautes destinées ;
Mais le roi vient enfin, par sa suprême loi,
De reconnaître en lui le sang du grand Mainfroi :
Il le nomme héritier du trône de Sicile.

GUISCARD.

Heureux jeune homme, sors de ton obscur asile ;
Vois tous tes ennemis tremblans, humiliés ;
Vois l'arrogant Osmont et Constance à tes pieds...
La fille de ce monstre, assassin de ton père !

SIFFREDI.

Ah ! qu'il n'écoute pas cette ardeur téméraire !
Constance a dans ses mains les forces de l'état ;
Le connétable Osmont lui répond du soldat :
Ce serait dans l'horreur des guerres intestines
Plonger l'état encor fumant de ses ruines.
Si le prince en veut croire un serviteur zélé,
Tout son ressentiment à la paix immolé,
Préviendra des esprits le funeste partage,
Et l'hymen de Constance en deviendra le gage :
Le roi vient en mourant d'ordonner ces liens.

GUISCARD.

Si de ses sentimens je juge par les miens,
Je doute qu'aisément en faveur de Constance
On puisse de son cœur vaincre la résistance.
Eh ! que craindre après tout ? Il a pour lui, seigneur,
Sa naissance, ses droits, sans doute sa valeur.
S'il est de vils humains qui se vendent aux crimes,
Croyez qu'il est aussi des mortels magnanimes
Qui mourront pour défendre et ses droits et son rang.
Quant à moi, je suis prêt à verser tout mon sang ;
Brûlant de le servir, je me mets à sa place.
Courons vers lui, seigneur. Ah ! digne de sa race,
Digne du trône auguste où furent ses aïeux,
Peut-être qu'il se plaint que le sort envieux
Sur le théâtre obscur d'une scène privée
Confine les vertus de son ame élevée,
Et qu'il demande au ciel l'heureuse occasion

De montrer un grand cœur et d'acquérir un nom.
SIFFREDI.
Et peut-être qu'aussi sa frivole jeunesse
S'endort avec l'amour au sein de la mollesse.
GUISCARD.
Mon cœur répond du sien. Oui, seigneur, sans effort
De mon état obscur je m'élève à son sort,
Et je sens qu'à l'aspect de sa noble carrière,
Mon ame avec transport, s'élançant tout entière,
Brûlerait d'égaler en vertu comme en rang
Ces héros glorieux dont je serais le sang.
SIFFREDI.
Eh bien ! hâtez vous donc de marcher sur leur trace...
(à part.)
Et vous, dont il promet d'être la digne race ,
Mânes de ses aïeux , je vous prends à témoins...
(à Guiscard.)
O vertueux Guiscard, noble fils de mes soins ,
Pardonnez cette épreuve, et souffrez que mon zèle
Vous offre le premier un hommage fidèle !
GUISCARD.
Siffredi , je serais ?...
SIFFREDI.
L'héritier de nos rois :
Oui , vous êtes celui dont le ciel a fait choix
Sur tous ceux que nourrit cette île valeureuse
Pour régir la Sicile et pour la rendre heureuse.
GUISCARD.
Qui ? moi ! triste orphelin abandonné de tous ,
Sans support, sans parens et sans amis que vous,
Passer de cette nuit d'obscurité profonde
A ce jour éclatant du premier rang du monde !...
Ne m'abusé-je point ?... Moi le fils de Mainfroi !
Moi le sang d'un héros ! et le trône est à moi !...
(à part.)
O Blanche !
SIFFREDI.
De ce sang on chérit la mémoire.
GUISCARD.
Peut-être , aidé par vous, j'en soutiendrai la gloire...
Saurin.   9

(*à part.*)

O ciel , qui conduis tout par de secrets ressorts ,
Mets en moi les vertus des héros dont je sors ;
Fais que , sans trop m'enfler de ma grandeur nouvelle,
Tout entier aux devoirs où le trône m'appelle,
Mon cœur toujours égal en soutienne le poids !...

(*à Siffredi.*)

Je sens, ô Siffredi ! tout ce que je vous dois ;
Respectable vieillard , soyez toujours mon père :
Mon inexpérience a besoin qu'on l'éclaire;
Gouvernez dans mes mains les rênes de l'état ;
Je présumerais trop et serais un ingrat ,
Si, novice au grand art de régir un empire ,
Je me chargeais sans vous du soin de le conduire.

SIFFREDI.

Si la Sicile en vous , seigneur , trouve un bon roi ,
J'ai beaucoup fait pour elle, et vous assez pour moi.

GUISCARD.

Mais quelle est donc du roi la volonté dernière?

SIFFREDI.

A sa sœur , qui du trône eût été l'héritière ,
Je vous l'ai dit, ce prince engage votre foi.

GUISCARD.

A quel titre peut-il m'imposer cette loi ?

SIFFREDI.

Cet hyménée importe à l'état , à vous-même.
Oui , si vous n'élevez Constance au rang suprême ,
Craignez de son parti le dangereux éclat ;
Leurs mains ébranleront et le trône et l'état :
Quant à moi qui chéris avant tout la patrie,
Je ne vous cache pas qu'au péril de ma vie
J'appuîrai cet hymen ordonné par le roi.

GUISCARD.

C'est un point sur lequel je n'en croirai que moi.

SIFFREDI.

Un autre à vos refus doit avoir la couronne;
C'est le roi des Romains...

GUISCARD.

    Mais le sang me la donne :
Je ne souffrirai point qu'on en blesse les droits.

SIFFREDI.

Ah ! sire...

GUISCARD.

C'est assez... mon père, une autre fois
Des secrets de mon cœur je pourrai vous instruire ;
Permettez cependant qu'un moment je respire :
J'ai besoin d'être à moi.

SIFFREDI.

Sire, il faut qu'au sénat.
Les barons du royaume et les grands de l'état.
Viennent rendre à leur maître un légitime hommage.

(à part.)

Je vais les assembler... Que de maux j'envisage !

(il sort.)

SCÈNE V.

GUISCARD , *seul.*

Moi l'époux de Constance !... Ah ! pour elle mon cœur
Sentait, sans se connaître, une invincible horreur...
Ecartons loin de moi cette funeste idée ;
D'un plus doux sentiment mon ame est possédée.
Je puis donc à mon tour me montrer généreux !
O cher et digne objet d'un amour vertueux ,
Tu n'as point estimé mon cœur par ma fortune !
Blanche , trop au-dessus d'une erreur si commune ,
A sur moi sans rougir abaissé son regard.
Enfin voici le jour du trop heureux Guiscard !
Ton amant à tes pieds va mettre un diadême.
O félicité pure ! ô volupté suprême !
Blanche , ma chère Blanche , un trône t'était dû :
Je vais en t'y plaçant couronner la vertu.

FIN DU PREMIER ACTE.

ACTE II.

SCÈNE Ire.

GUISCARD, RODOLPHE.

GUISCARD.

Un roi de son sujet essuyer cette injure !

RODOLPHE.

Du trouble où je vous vois que faut-il que j'augure,
Seigneur ? Vous paraissez interdit, égaré :
Tout retentit ici de votre nom sacré,
Qu'au ciel avec transport un peuple heureux envoie ;
Qui vous fait gémir seul dans la publique joie ?

GUISCARD.

Eh ! que m'importe, hélas ! cette joie et ces cris ?
Nous sommes, Blanche et moi, cruellement trahis.
Tu sais que ce matin j'ai trouvé Blanche en larmes ;
Que, cherchant de son cœur à calmer les alarmes,
Et voulant en bannir tout sentiment jaloux,
J'ai tracé de ma main le nom de son époux,
Ordonnant qu'à son père elle remît ce titre,
De mon cœur, de ma foi, le garant et l'arbitre.
Eh bien ! ce titre auguste entre ses mains livré,
Il l'a rempli du nom d'un objet abhorré,
De Constance.

RODOLPHE.

Eh ! comment ?...

GUISCARD.

En ce moment peut-être

Blanche pleure, gémit ; Blanche me nomme traître ;
Elle succombe aux maux dont son cœur est pressé.

RODOLPHE.

Mais, seigneur, au sénat que s'est-il donc passé ?
Son père...

GUISCARD.

A quel excès il a porté l'audace !

Apprends son attentat. Chacun avait pris place,
Suivant l'ordre marqué par le titre ou le sang ;

Non loin de moi Constance , assise au second rang ,
D'un œil présomptueux regardait la couronne ;
Siffredi , chef des lois et l'organe du trône ,
Après avoir de l'œil pris mon commandement ,
En présence de tous ouvre le testament
Où, m'appelant au trône acquis à ma naissance ,
On me fait une loi de l'hymen de Constance.
« Le roi consent à tout , ajoute-t-il soudain ;
» Voici l'acte signé de sa royale main ,
» Où sa foi , sa couronne à Constance est promise. »
Plein de rage à ces mots autant que de surprise ,
Mon esprit indigné méditait un parti ,
Quand d'acclamations la voûte a retenti :
Un applaudissement , une joie unanime
Se peint sur tous les fronts ; chaque bouche l'exprime :
Constance est à mes pieds... Interdit et confus ,
Comment en ce moment annoncer mes refus ?
A peine sur le trône , et sans expérience ,
Ne possédant encor qu'un titre sans puissance ,
Comment m'opposer seul au vœu de tout l'état ?
Que dirai-je ?,.. Peut-être il fallait un éclat !
Crois qu'il m'en a coûté pour me vaincre moi-même ;
Mais j'ai dans Siffredi respecté ce que j'aime ;
J'ai considéré Blanche en l'auteur de ses jours ;
Des soins qu'il prit de moi j'ai rappelé le cours.
Par égard .. par prudence... enfin l'ame troublée ,
Mon ordre au lendemain a remis l'assemblée :
C'est tout ce qu'a permis mon funeste embarras.

RODOLPHE.

Mais qu'aura pensé Blanche en ce moment ?

GUISCARD.

                                   Hélas !

Au rang des spectateurs par son père placée ,
Cette scène cruelle à ses yeux s'est passée ;
Dans les bras de ta sœur j'ai cru la voir tomber ;
A mes regards bientôt on l'a su dérober.
Prompt à désabuser son ame prévenue ,
J'ai volé vers ces lieux... O douleur qui me tue !
Sans doute Siffredi prévoyait mon dessein ;
Le cruel pour Belmont l'a fait partir soudain.

RODOLPHE.

Belmont touche à Palerme ; il vous sera facile...

GUISCARD.

D'indispensables soins m'enchaînent à la ville...
Rodolphe, en attendant que, libre de la voir,
Je lui rende moi-même et le calme et l'espoir,
Et qu'au prochain conseil demain tout se répare,

(*voyant entrer Siffredi.*)

Je veux par une lettre... Ah ! voici ce barbare.

SCÈNE II.

GUISCARD, SIFFREDI, RODOLPHE.

GUISCARD, *à Siffredi.*

Oses-tu bien encor paraître devant moi,
Téméraire vieillard ? Viens-tu braver ton roi ?
Crains ma juste fureur, crains la juste vengeance
De ton maître indigné qu'irrite ta présence ;
Fuis.

SIFFREDI.

Sire, dans mon sang éteignez ce courroux.
Si je puis à ce prix sauver l'état et vous,
Frappez : voilà mon sein.

GUISCARD, *à part.*

Insupportable outrage !...

(*à Siffredi.*)
Fuis, te dis-je : j'ai peine à contenir ma rage.

SIFFREDI.

Ne la contraignez point.

GUISCARD.

Aujourd'hui, grace à toi,
Le plus vil des mortels est au-dessus de moi ;
Si le sort l'a privé de tout autre avantage,
L'honneur du moins encor, l'honneur est son partage :
Tu m'as ravi le mien... Eh ! que pense, cruel,
Le respectable objet d'un amour mutuel
Qui crut en recevoir l'inviolable gage ?
De ce gage sacré qu'as-tu fait ? quel usage ?

SIFFREDI.

De votre main auguste ou m'a remis le seing :

J'ai dû vous supposer un généreux dessein ;
J'ai dû pour le remplir consulter votre gloire;
C'est elle et non l'amour que j'en ai voulu croire :
J'ai pensé que ma fille avait mal entendu ;
J'ai fait enfin pour vous ce que vous avez dû ;
Et ne balançant point à me perdre moi-même,
J'ai sauvé votre gloire.

GUISCARD.

                    Ah ! trahir ce que j'aime,
Trahir le cri du sang, rompre un lien sacré,
Etre perfide amant et fils dénaturé,
Si c'est là cette gloire, apprends que j'y renonce,
Apprends que je l'abhorre... Au surplus je t'annonce
Que si dans mon dessein j'étais moins arrêté,
Tu l'aurais affermi par ta témérité :
J'en jure... le destin n'est pas plus immuable.

SIFFREDI.

Mais daignez voir du moins quel orage effroyable
Attirera sur vous ce funeste dessein :
Au trône en vain le sang vous donne un droit certain ,
Sur votre tête encor la couronne es' flottante;
Constance a dans l'armée une brigue puissante,
Et du roi des Romains elle aura le secours.
Vous hasardez l'état , votre trône, vos jours...

GUISCARD.

Tombe , tombe sur moi lé sort le plus funeste,
Avant qu'un nœud honteux , que tout mon cœur déteste,
Mêle au sang de Mainfroi le sang de ses bourreaux!...
     (à part.)
Vous ne rougirez point , ô mânes d'un héros !
Plutôt mourir cent fois que m'unir à Constance...
     (à Siffredi.)
Loin d'un cœur généreux ta timide prudence !
On n'asservira point mon trône ni mon cœur;
De Constance, d'Osmont je brave la fureur ;
Malheur aux factieux qui prendront leur défense !
Cette main qu'armera le droit et la vengeance,
Ne quittera le fer qu'abreuvé de leur sang :
Les rebelles du mien épuiseront mon flanc,
Ou tous jusques à toi sentiront ma furie.

SIFFREDI.

Je vous ai consacré mon service, ma vie;
Sans respect de mon âge et de mes cheveux blancs,
Sire, épuisez sur moi tous vos ressentimens :
Peut-être que plus calme, alors votre ame auguste
Sentira qu'il est grand, je dis plus, qu'il est juste
Que tout intérêt cède et soit sacrifié
Au salut d'un grand peuple à vos soins confié ;
Que le premier bonheur d'un roi, digne de l'être,
Est le bonheur de ceux dont le ciel l'a fait maître ;
Et que, libre des soins d'une vulgaire ardeur,
C'est son peuple avant tout que doit aimer son cœur.

GUISCARD.

Je connais tout le prix de ces grandes maximes,
Mais j'en connais aussi les bornes légitimes,
Et j'envirais le sort des moindres citoyens,
Si, maintenant leurs droits, j'abandonnais les miens.
Je ne souffrirai point, Siffredi, qu'on me brave :
C'est un père qu'un roi, tu n'en fais qu'un esclave.

SIFFREDI.

L'esclave du devoir... Ah ! sire, écoutez-moi...
Daigne écouter encor, ô mon fils ! ô mon roi !
Celui qui fut ton père et forma ton jeune âge,
Et qui pour ton honneur, pour ton seul avantage,
Repousse constamment l'appât le plus flatteur
Qu'offre l'ambition aux désirs d'un grand cœur ;
Qui, refusant (dût-il en être la victime)
Ce qu'un autre peut-être eût acheté du crime,
A la haute faveur préfère ton courroux...
(il se jette aux pieds de Guiscard.)
Vois ton ami, ton père, embrassant tes genoux,
Te conjurer en pleurs de te vaincre toi-même;
A tes pieds avec moi vois un peuple qui t'aime,
Et que le ciel confie à tes soins paternels,
Citoyens, magistrats, ministres des autels,
Tous ceux de qui la main, aux travaux occupée,
Fait croître la moisson de leur sueur trempée,
Qui nourrissent l'état et supportent la faim ;
Vois le vieillard courbé, l'enfant pressant le sein,
Et l'époux et l'épouse, et la mère et la fille,

Tout un grand peuple enfin composant ta famille,
(Car les sujets des rois sont leurs premiers enfans)
Vois-les, dis-je. à tes pieds, incertains et tremblans ;
« Sauve-nous, disent-ils, d'une guerre intestine !
» Faut il à l'incendie, au meurtre, à la ruine,
» Abandonner encor nos champs et nos cités ?...
» Ah ! pour d'autres exploits que nos calamités
» Réserve un sang pour toi tout prêt à se répandre... »
Résisterez-vous donc à cette voix si tendre ?
Eh ! quel triste bonheur, rapportant tout à soi,
Peut balancer son peuple en l'ame d'un bon roi ?
          (*s'apercevant que Guiscard s'attendrit.*)
La vôtre... mais, seigneur, je vois qu'elle est émue :
Ah ! ne dérobez point ces larmes à ma vue ;
L'orgueil du trône, hélas ! n'est que trop inhumain.
        GUISCARD, *attendri, et le relevant.*
Lève toi, Siffredi ; ton roi te tend la main...
Mes peuples me sont chers : je connais tes services ;
Mais tu m'a mis, cruel, entre deux précipices.
A Constance engagé par toi dans le sénat,
Détruire son espoir c'est hasarder l'état ;
A cet engagement si je veux satisfaire,
Il me faut trahir Blanche et le sang de mon père,
Et de tous les côtés déchiré, combattu,
La vertu dans mon cœur s'oppose à la vertu.
     (*après une petite pause.*)
C'est à toi, Siffredi, de venir à mon aide :
Ton zèle a fait le mal, j'en attends le remède ;
Il faut que, demain même au sénat assemblé,
De ta témérité le secret dévoilé,
D'un odieux hymen pour jamais me dégage :
Si tu veux appuyer mes droits de ton suffrage,
Je redouterai peu Constance et ses amis :
Qui rend un peuple heureux, le voit toujours soumis.
Je veux dans mes projets, si le ciel me seconde,
Que de la foi du mien son amour me réponde.
              SIFFREDI.
Seigneur...

              GUISCARD.
     Sans répliquer, obéis ; à ce prix,

Ton maître te pardonne, et redevient ton fils.

SIFFREDI.

Des bontés de mon roi je sens le prix insigne ;
Mais si j'obéissais je n'en serais plus digne :
Incapable, seigneur, des souplesses de cour,
On ne me verra point, par un lâche retour,
Plier mes sentimens aux passions du maître.

GUISCARD.

Et désormais en toi je ne vois plus qu'un traître...
Tu voudrais que, prenant tes volontés pour loi,
Guiscard fût sur le trône un fantôme de roi :
Mais ne t'en flatte pas... Adieu : quoi qu'on projette,
Constance ne sera jamais que ma sujette.
Toi, rends grace à l'amour dont mon cœur est épris,
Qui te protége encor lorsque tu le trahis.

(il sort avec Rodolphe.)

SCÈNE III.

SIFFREDI, seul.

Ah ! c'est cet amour seul qui confond ma prudence ;
C'est lui seul qui s'oppose à l'hymen de Constance :
Tous ses autres motifs sont de fausses couleurs ;
C'est un masque imposant qu'il prête à ses fureurs...
O de la passion aveuglement extrème !
Le prince est le premier à se tromper lui-même ;
Et lorsqu'il n'est que faible, il se croit vertueux !...
Son caractère est vif, ardent, impétueux ;
Et je crains de l'état l'embrasement funeste :
Le danger est pressant .. Un seul moyen me reste...
Un moyen qui me perd... Mais s'agit-il de moi ?
Ne songeons qu'au salut de l'état et du roi...
L'espoir nourrit l'amour : détruisons l'espérance :
De l'hymen de ma fille Osmont a l'assurance ;
J'ai promis... Mais il vient.

SCÈNE IV.

OSMONT, SIFFREDI.

OSMONT.

　　　　　La Sicile, seigneur,
Va devoir à vos soins sa paix et son bonheur.
Oui, l'heureuse union du prince avec Constance,
Qu'avec vous du feu roi concerta la prudence,
Apporte enfin le terme à nos dissensions :
L'hymen confond leurs droits et leurs prétentions
Qui, rallumant le feu de la guerre civile,
Auraient de sang encor inondé la Sicile.
O vertueux ami! je vous connaissais mal...
Mais tel est des partis l'aveuglement fatal,
Qu'au sien tout est vertu, qu'en l'autre tout est vice.
De mes préventions je connais l'injustice,
Et n'aurai désormais, comme vous citoyen,
De parti que l'état, d'intérêt que le sien.

SIFFREDI.

A cet aveu, seigneur, magnanime et sincère,
On reconnaît une ame au-dessus du vulgaire :
De nos troubles cruels tant qu'a duré le cours,
Celle du noble Osmont se distingua toujours.

OSMONT.

Votre amitié, seigneur, est un bien qu'il désire...
Mais il en est un autre auquel encor j'aspire ;
Et d'un ami commun si j'en crois le rapport,
Vous consentez d'unir votre fille à mon sort.
Ce bonheur...

SIFFREDI.

　　　　Je rends grace au ciel qui me l'envoie :
Vous honorez ma fille, et je vois avec joie
Le repos de l'état par nos nœuds affermi...
　　　(il embrasse Osmont.)
J'embrasse en vous, seigneur, mon gendre et mon ami.

OSMONT.

Vous comblez mes désirs : Blanche a touché mon ame ;
Mais pour elle brûlant d'une secrète flamme,
J'ai dédaigné ces soins des vulgaires amans,

Esclaves dont bientôt l'hymen fait des tyrans.

SIFFREDI.

L'amour a peu de part à ces grands hyménées
Dont la raison d'état fixe les destinées ;
Ma fille de mes mains recevra son époux.

OSMONT.

Trouvez bon cependant, seigneur, qu'auprès de vous
Je presse le moment d'une heureuse alliance :
Chaque instant est un siècle à mon impatience.

SIFFREDI.

Il importe à l'état que nous soyons unis ;
J'assure son bonheur en vous nommant mon fils.
Ma fille est à Belmont : venez sans plus attendre ;
Auprès d'elle avec vous je consens à me rendre :
Là, d'un hymen pompeux négligeant les apprêts,
Vous recevrez sa main sans bruit et sans délais.

FIN DU SECOND ACTE.

ACTE III.

La scène est à Belmont.

SCÈNE Ire.

BLANCHE, *seule*.

O BARBARE Guiscard ! ô cœur plus qu'infidèle !
Ame tout à la fois et parjure et cruelle !
Voilà donc ces sermens, ces vœux et cette foi
Que tantôt !... Tu blâmais mon trouble et mon effroi...
Ainsi donc ce matin quand mon ame glacée
Présageait le malheur dont j'étais menacée,
Ton cœur, sous un faux air de générosité,
Masquait la perfidie et l'inhumanité !
Ta tendresse jamais ne fut plus éloquente...
Hélas ! sans rassurer ta malheureuse amante,
Que ne lui disais-tu qu'esclaves couronnés

A leur triste grandeur les rois sont enchaînés?
Blanche en aurait gémi ; mais moins infortunée,
N'accusant que ton rang et que sa destinée,
Elle eût vécu peut-être ; un tendre souvenir
Eût rempli les momens de son triste avenir :
Ton image en mon cœur eût demeuré gravée...
Au faîte de l'espoir tu m'as donc élevée
Pour offrir à mes yeux l'abîme plus profond !...
Ah ! cette cruauté m'accable et me confond...
Guiscard, tu n'as point eu cette bassesse extrême...
Je ne puis à ce point avilir ce que j'aime...
Non... Mais l'ambition, ce poison du bonheur,
Qui corrompt les vertus sous le faux nom d'honneur;
Mais l'orgueil, l'intérêt, qui de ce monde est l'ame,
Aux préjugés du trône ont immolé ta flamme...
Guiscard, à qui mon cœur élevait des autels,
Guiscard est donc semblable au reste des mortels !
Ah !... Mais mon père vient... Comment cacher un
    trouble
Qu'en ce fatal moment sa présence redouble?

SCÈNE II.

SIFFREDI, BLANCHE.

SIFFREDI, *voyant Blanche en pleurs.*

BLANCHE, ne cherche point à me cacher tes pleurs,
Leur source m'est connue, et je plains tes douleurs :
De ce cœur paternel la facile tendresse
D'un œil compatissant regarde ta faiblesse ;
J'espère cependant en ta noble fierté :
Rappelle dans ton cœur toute sa fermeté :
C'est dans l'obscure nuit que la lumière brille ;
Arme-toi de courage, et montre-toi ma fille.

BLANCHE.

Ah ! je suis à jamais indigne de ce nom.

SIFFREDI.

J'aurais pour te blâmer une juste raison :
Ma fille n'a pas dû sans moi disposer d'elle ;
Mais ton père est sensible à ta peine cruelle ;
Sous le poids du reproche il craint de t'accabler.

Guiscard, que de ses dons le ciel voulut combler,
Ses graces, ses vertus ont fait naître ta flamme ;
J'aurais dû le prévoir, et c'est moi que je blâme.

BLANCHE.

Ah! traitez votre fille avec plus de rigueur :
Votre bonté m'accable et me perce le cœur.
Puis-je verser, hélas ! des larmes trop amères ?
J'afflige le meilleur, le plus tendre des pères.

SIFFREDI, *la serrant dans ses bras.*

Viens dans mes bras, ma fille... O toi, dans tous les temps
L'objet de mon amour, l'espoir de mes vieux ans,
Toi que baignent mes pleurs contre mon sein pressée,
Me promets-tu ?... Je tremble, et ma langue glacée...

BLANCHE.

Parlez... dites, seigneur... qu'exigez-vous de moi ?

SIFFREDI.

Il serait trop honteux qu'on crût que pour son roi
Toujours des mêmes feux en secret consumée,
Blanche nourrit l'espoir d'en être encore aimée.

BLANCHE.

Ah! cet espoir, seigneur, il l'a trop bien détruit.

SIFFREDI.

Il l'a dû : de vos feux quel eût été le fruit ?
Ta folle passion a-t-elle donc pu croire
Qu'oubliant ce qu'il doit à son peuple, à sa gloire,
T'immolant notre sang, nos biens, notre repos,
D'un romanesque amour, méprisable héros,
Il dût pour être à toi hasarder sa couronne ?
Crois-tu que pour placer ma fille sur le trône
Mon devoir eût souffert qu'on rouvrît nos tombeaux ;
Qu'à ton fatal hymen rallumant ses flambeaux,
La discorde cruelle embrasât ma patrie ;
Que mon sang, que ma fille en devînt la furie ?
Jamais à ce projet je n'aurais consenti.
Sors d'erreur, et pour toi vois qu'il n'est qu'un parti
Qu'également ton père et l'honneur te commandent.

BLANCHE.

Votre fille en mourra... Mais qu'est-ce qu'ils demandent?

SIFFREDI.

Je connais ta vertu ; c'est d'elle que j'attends
Le fruit toujours tardif de l'absence et du temps :
Qu'ils guérissent des cœurs peu soigneux de leur gloire,
Tu dois les prévenir ; et déjà j'aime à croire
Que tu n'as plus que zèle et respect pour ton roi.
Mais ce n'est pas assez : on ne vit pas pour soi ;
Plus le sort nous élève au-dessus du vulgaire,
Plus il nous met en butte à ce juge sévère
Qui cherche nos défauts, et, sans respect des rangs,
Console sa bassesse en médisant des grands.

BLANCHE.

Que faut-il ?

SUFFREDI.

Dès ce jour hautement le convaincre
Qu'à l'exemple du roi ma fille a su se vaincre ;
Il faut, en bannissant ce prince de ton cœur,
Ne plus voir son amour que comme un déshonneur ;
Et, coupant à l'espoir sa dernière racine,
Prendre un illustre époux que ma main te destine.

BLANCHE.

Ciel ! un époux ! à moi, mon père !

SIFFREDI.

Au plus haut rang
Osmont joint le mérite et la splendeur du sang :
Il t'aime, et veut unir son sort à ma famille.

BLANCHE.

O mon père ! daignez...

SIFFREDI.

Ecoutez-moi, ma fille :
Cet hymen est pour vous l'asile de l'honneur.
Il vous faut un époux qui soit un protecteur
Qu'impunément ne puisse offenser le roi même :
Tel est le connétable ; il est puissant, vous aime...
        (*voyant de nouveau Blanche en pleurs.*)
Je vois en vain vos yeux de larmes se remplir ;
Ma parole est donnée, elle doit s'accomplir,
Et dès aujourd'hui même.

BLANCHE.

Ah ! seigneur !... ah ! mon père !

Si jamais à vos yeux votre fille fut chère ,
Si de ma mère en moi vous rappelant les traits,
Jamais pour mon bonheur vous fîtes des souhaits,
N'exigez pas de moi cet affreux hyménée.

SIFFREDI.

Je vous l'ai déjà dit, ma parole est donnée;
Il le faut... c'est en vain.

BLANCHE , *se jetant aux pieds de son père.*
Mon père !

FIFFREDI.

Levez-vous.

BLANCHE.

Non ; mes tremblantes mains embrassent vos genoux ;
Laissez-moi les presser et les mouiller de larmes.
Près de vous la nature est-elle donc sans armes ?
Sourd à sa tendre voix , n'accablez pas un cœur
Noyé dans l'amertume et brisé de douleur.
Qu'exigez-vous? ô ciel ! Votre rigueur ordonne
Que n'étant point à soi votre fille se donne!
C'est me percer le sein; c'est outrager Osmont :
Oui , ma main sans mon cœur n'est pour lui qu'un affront.
Souffrez que, loin du monde à jamais retirée,
Je traîne de mes jours la pénible durée.
Je ne dois pas sans vous disposer de ma foi;
Vous ne devez pas plus en disposer sans moi :
Mon père , j'ai mes droits, si vous avez les vôtres.
Rompre à la fois mes nœuds et m'en imposer d'autres,
C'est exiger de moi par-delà mon devoir;
Je dis plus, cet effort surpasse mon pouvoir :
Peut-être avec le temps je le pourrai, mon père.
Le ciel sait si mon cœur souffre de vous déplaire.
Accordez-moi du temps... ou bien prenez mes jours;
Prenez-les , terminez leur déplorable cours;
C'est la mort qu'à vos pieds mon désespoir implore.

(*voyant que Siffredi s'attendrit.*)

Mais j'aperçois des pleurs que mon père dévore;
Votre cœur s'est ému , vous vous attendrissez.

SIFFREDI, *avec un effort marqué.*

Je vous aime, ma fille , et le fais voir assez.

BLANCHE.

Ah ! ne repoussez pas un mouvement si tendre !

SIFFREDI.

Levez-vous. Je vous plains ; mais gardez-vous d'attendre
Que rien puisse jamais balancer dans mon cœur
L'intérêt de l'état et celui de l'honneur :
L'un et l'autre ont parlé, la pitié doit se taire ;
Et par tout le pouvoir dont le ciel arme un père
Je veux être obéi... Blanche, préparez-vous
A recevoir Osmont en qualité d'époux :
Je vais l'amener.

BLANCHE, *avec l'air abîmé de douleur.*
Ciel !

SIFFREDI, *à part.*
O nature trop forte !
Que sur toi le devoir avec peine l'emporte !
Qu'il en coûte à mon cœur !... Arrachons-nous d'ici.

BLANCHE, *avec chaleur.*
Non, vous ne pouvez pas m'abandonner ainsi,
Mon père.

SCÈNE III.

SIFFREDI, BLANCHE, LAURE.

SIFFREDI, *à Laure.*
Venez, Laure ; et d'une triste amie
Rendez par vos conseils l'ame plus affermie ;
Ramenez au devoir un cœur trop égaré ;
Que je le trouve enfin soumis et préparé.

SCÈNE IV.

BLANCHE, LAURE.

BLANCHE.

Non, ce n'est qu'à la mort que mon cœur se dispose...
Quel amour est trahi ! quel devoir on m'impose !
Ah ! Laure !

LAURE.

Je ne puis approuver vos douleurs :

Le perfide Guiscard mérite-t-il vos pleurs,
Madame? Ah! c'est trop peu ressentir votre injure;
Ce n'est que du mépris qu'on doit à ce parjure.

BLANCHE.

Sans doute... Mais, hélas! crois-tu qu'ainsi soudain
Un cœur puisse passer de l'amour au dédain;
Qu'un sentiment si cher, né dans la solitude,
Par l'estime formé, nourri par l'habitude,
Soit détruit aussitôt qu'on cesse d'estimer?
Long-temps on aime encor en rougissant d'aimer.
On veut que je me force à l'horrible contrainte
De dévorer mes pleurs et d'étouffer ma plainte,
De porter dans les bras d'un époux odieux
Une image toujours trop présente à mes yeux,
Une image à mon cœur malgré moi toujours chère!...
Où fuir, où me cacher aux humains, à mon père?
Dans quel antre sauvage, expirant de douleur,
Ensevelir mes jours moissonnés dans la fleur?

LAURE.

Quel est donc cet hymen a vos vœux si funeste?
Quel époux?...

BLANCHE.

En est-il que mon cœur ne déteste?
Le fier Osmont pourtant m'inspire plus d'effroi:
C'est lui que, ce jour même, on veut unir à moi;
Oui, ce jour même.

LAURE.

Eh bien! vous êtes outragée;
Ce jour a vu l'affront, il vous verra vengée.

BLANCHE.

Vengée! hélas! sur qui? sur Guiscard, ou sur moi?

LAURE.

Sur cet ingrat amant qui vous manque de foi,
Sur ce cœur vil et faux...

BLANCHE, *vivement.*

Non, il ne peut pas l'être;
Non, mon cœur à ces traits ne peut le reconnaître;
Non lui faisons injure.

LAURE.

O ciel! que dites-vous?

N'a-t-il pas à Constance en présence de tous ?...
BLANCHE.
Il est trop vrai... je cherche à me tromper moi-même.
LAURE.
Quoi ! ce matin, madame, avec un soin extrême
Sa tendresse s'épuise à calmer votre cœur ;
Il semble vous quitter tout plein de son ardeur,
Et c'est pour vous trahir ! et , pour comble d'outrage ,
Devant vous hautement à Constance il s'engage ;
Il veut que vous soyez témoin de votre affront ;
Votre ressentiment ne peut être trop prompt...
On dit que dès demain il l'épouse.
BLANCHE , à part.
Ah! parjure !
LAURE.
Pouvez-vous balancer ?...
BLANCHE.
Dès demain ?
LAURE.
On l'assure.
BLANCHE.
Eh ! qu'il étouffe donc, s'il se peut, dans son cœur
Le cri du sang d'un père et le remords vengeur !...
Laure, je veux t'en croire : un fier dépit me guide.
    (à part.)
Tu me regretteras , homme lâche et perfide !
    (à Laure.)
Oui, mon hymen fera son tourment et le mien :
Il a trahi mon cœur , j'ai mal connu le sien ;
D'un repentir tardif il sera la victime.
Je servirai d'exemple à celles qu'une estime
Dans leur crédule esprit trop prompte à se former
Sous l'appât des vertus engagerait d'aimer.
LAURE.
Voilà les sentimens que j'attendais de Blanche :
Qu'en secret dans mon sein tout votre cœur s'épanche ;
Mais gardez au dehors de rien faire éclater
Dont l'orgueil de Guiscard puisse encor se flatter ;
Que dans les bras d'Osmont le perfide vous voie.

BLANCHE.

Oui, dans mon désespoir je goûterai la joie...
    (*à part.*

Quelle joie !... Ah ! cruel ! à quel nœud détesté
Me pousse de ton cœur l'horrible fausseté !

LAURE.

Osmont a des vertus ; le sang de ses ancêtres
En ses veines transmis est le sang de nos maîtres ;
Il a de la valeur.

BLANCHE.

                Ne parle point de lui ;
Parle-moi de l'auteur de mon cruel ennui,
De Guiscard : dis-moi bien que c'est un infidèle,
Et soutiens, s'il se peut, ma vertu qui chancèle.

LAURE.

Songez que votre père...

BLANCHE.

                Oui, j'afflige son cœur,
Et je crains son pouvoir bien moins que sa douleur.

LAURE, *apercevant Siffredi.*

Il vient.

BLANCHE, *voyant Osmont avec Siffredi.*

        Osmont le suit... O contrainte ! ô supplice !
Un père exige, ô ciel, cet affreux sacrifice !

SCÈNE V.

SIFFREDI, OSMONT, BLANCHE, LAURE.

SIFFREDI, *à Blanche.*

Ma fille, de ma main recevez un époux
Qui tous deux nous honore en s'unissant à vous ;
Et que puisse le ciel, qui vous joint l'un à l'autre,
Faire au gré de mon cœur son bonheur et le vôtre !

OSMONT, *à Blanche.*

Le choix de votre père autorise mes feux,
Madame ; mais ce choix ne peut me rendre heureux
Si le cœur où j'aspire en ma faveur ne penche :
Croirai-je que du moins la vertueuse Blanche
Consentira sans peine à former ce beau nœud ?

BLANCHE.

Seigneur... l'obéissance... un père... son aveu...
(à part.)
Je me meurs !

OSMONT.

Ciel !

SIFFREDI.
(à part.)
Ma fille!... à peine elle respire.

BLANCHE.

O mon père!...

(à Laure.)
Aide-moi... je ne puis me conduire.
(elle sort avec Laure qui la soutient.)

SCÈNE VI.

SIFFREDI, OSMONT.

SIFFREDI, à Osmont.

Je la suis; pardonnez à mon soin paternel.

OSMONT.

Je ne vous quitte point dans ce trouble mortel.

FIN DU TROISIÈME ACTE.

ACTE IV.

SCÈNE Ire.

BLANCHE, seule.

C'en est donc fait, hélas! un nœud fatal me lie !
Mon malheur n'aura plus de terme que ma vie !...
Puisse mon père un jour ne se point reprocher
Le sacrifice affreux qu'il me vient d'arracher !
« Veux-tu précipiter mes vieux ans dans la tombe? »
M'a-t-il dit. A ce mot, mon courage succombe ;

J'ai traîné vers l'autel mes pas avec terreur.
Oh ! comment exprimer ce qu'a senti mon cœur !
Quand à la main d'Osmont j'ai joint ma main tremblante,
J'ai senti fuir sous moi la terre chancelante ;
D'un nuage confus mes yeux se sont couverts ;
Du temple j'ai cru voir les combles entr'ouverts ;
Tout semblait s'écrouler... Illusion trop vaine !
La mort que j'invoquais n'a point fini ma peine ;
Je vis... et, par mon cœur en secret démenti,
L'irrévocable aveu de ma bouche est sorti.

SCÈNE II.

BLANCHE, LAURE.

LAURE, *avec un air troublé, et tenant un billet à la main.*

MADAME...

BLANCHE.

O ciel ! quel trouble !

LAURE.

Ah ! je suis confondue !

BLANCHE.

Mes yeux cherchent les tiens, et tu baisses la vue !
Ai-je quelque malheur encor à redouter ?
Ce billet...

LAURE.

Quels regrets il pourra vous coûter !
Quels reproches, hélas, vous aurez à me faire !

BLANCHE.

Je tremble ; explique-toi.

LAURE.

Mon frère...

BLANCHE.

Eh bien ! ton frère ?...

LAURE.

Je n'ai pu qu'un instant lui parler sans témoins ;
Guiscard a confié ce billet à ses soins,
Qu'il lui tardait, dit-il, de pouvoir me remettre.

BLANCHE.

Quoi ! Guiscard... il m'écrit !... Croit-il par une lettre ?...

Voyons, Laure... mais, non, mon cœur m'en presse en
     vain;
Non, je ne lirai point un billet que sa main...
                         (*à part.*)
Eh! que peut-il me dire?... Ah! d'une infortunée
Qu'à des pleurs éternels toi-même as condamnée,
Ne viens point, ô Guiscard, irriter les tourmens!
Il m'en coûte assez cher d'avoir cru tes sermens;
Laisse mon cœur en paix, s'il y peut jamais être.
                    LAURE.
Mon frère ose vouloir justifier son maître;
Il soutient que son cœur, exempt de fausseté,
N'a fait que se prêter à la nécessité :
Il allait plus au long m'expliquer ce mystère;
Mais, mandés à Palerme, Osmont et votre père
L'ont appelé près d'eux.
                    BLANCHE.
                 O ciel! que me dis-tu?
Mais peut-on démentir ce que mes yeux ont vu?
N'importe... cette lettre... il faut la lire... Donne,
          (*prenant la lettre.*)
Ah! donne. Ma main tremble, et tout mon corps fris-
     sonne.
Que tantôt à l'aspect d'un billet de sa main
Un trouble différent eût agité mon sein!
               (*elle lit.*)
Mais lisons : « De ton cœur je conçois les alarmes,
               (*elle s'arrête.*)
» Chère Blanche.» Ah! mes yeux se remplissent de larmes.
       (*elle continue de lire.*)
» Je brûle de te voir et de les dissiper.
» L'apparence pourtant n'a pas dû te tromper;
» Un cœur chéri du tien n'est ni lâche, ni traître :
» Je volerai vers toi dès que j'en serai maître.
» Ton père... à quel excès, ô ciel! il s'est porté!...
» Tantôt tu sauras tout. Sur ma fidélité
» Repose-toi du soin de notre destinée :
» Crois qu'à toi pour jamais la mienne est enchaînée,
» Et qu'en dépit de tout il n'est rien que la mort

» Qui puisse m'empêcher de t'unir à mon sort.. »
(*à part, après avoir lu.*)
Jamais, hélas! jamais... Qu'ai-je fait ? malheureuse!
Il accuse mon père... O conjecture affreuse !
Cet écrit par moi-même entre ses mains remis...
Quoi! sans l'aveu du prince il aurait... j'en frémis...
« Tantôt tu sauras tout. » Ah ! si je te suis chère,
Garde-toi d'éclaircir ce funeste mystère!
Guiscard , ah! par pitié laisse-moi mon erreur.
Quel est donc mon destin? Ciel ! quelle en est l'horreur,
Si pour Blanche il n'est plus de repos dans la vie
Qu'à se croire par toi cruellement trahie!
O dépit insensé! trop aveugle courroux !
Un instant a donc mis un abîme entre nous!...
De sa fidélité j'avais mille assurances ;
En devais-je sitôt croire les apparences ?
Devais-je me hâter de nous perdre tous deux ?
C'est toi qui l'as voulu, père trop rigoureux!
De ton âge endurci la cruelle prudence,
Un moment de dépit, un désir de vengeance,
        à Laure.)
Toi-même, Laure, hélas ! ta fatale amitié,
Vous m'avez tous trahie... et mon cœur s'est lié.

LAURE.

Peut-être que pour vous j'en ai trop cru mon zèle :
Guiscard au fond de l'ame a pu rester fidèle,
Mais ce consentement, cet acte qui vous perd,
S'il n'en est pas l'auteur, ne l'a-t-il pas souffert ?
L'amour est moins timide en un cœur magnanime.
Le sien, n'en doutez pas , faux ou pusillanime...

BLANCHE.

Arrête, Laure, et crains que ta témérité
Ne porte un jugement encore précipité.
Dans l'abîme déjà c'est toi qui m'as poussée,
Par mon père, par toi, sans relâche pressée,
Je vous ai crus tous deux. O repentir trop vain !
L'affreux remords habite et déchire mon sein...
J'ai voulu mon malheur, et je dois m'y soumettre...
J'éviterai le roi... mais, hélas ! cette lettre...
Ah ! comment l'oublier... et me vaincre, et me fuir ?...

Que Guiscard soit fidèle, ou qu'il m'ait pu trahir,
Ne le voyons jamais : oui, dans la solitude
Faisons-nous de nos maux une triste habitude,
Gémissons en secret, et dévorons mes pleurs,
Surtout à mon époux cachons bien mes douleurs,
Dérobons tout prétexte à sa jalouse flamme.
Peut-être a-t-il déjà trop bien lu dans mon ame :
Je l'ai vu m'observer d'un œil sombre, inquiet ;
Il semblait de mon cœur épier le secret.
S'il en est encor temps, qu'à jamais il l'ignore...
Mais périr lentement d'un feu qui vous dévore,
Et dans son cœur sans cesse en étouffer l'éclat,
Eprouver au-dedans un douloureux combat,
Et montrer au dehors un front calme et paisible :
Oh ! que la vie alors est un fardeau pénible !...

LAURE.

Le roi paraît.

BLANCHE.

Fuyons... ô ciel ! mes pas tremblans...

SCÈNE III.

GUISCARD, BLANCHE, LAURE.

GUISCARD, *à Blanche, en se jetant à ses pieds.*
Le voilà donc passé ce siècle de tourmens !
Ton amant à tes pieds te revoit et t'adore.

BLANCHE.

Il ne m'appartient plus de vous y voir encore,

(à part.)

Le temps en est passé... Levez-vous, sire. Hélas !

GUISCARD, *se relevant.*

Libre des soins cruels qui retenaient mes pas,
Tout entier à l'amour, laisse, laisse à mon ame
Exhaler les transports de sa brûlante flamme...
Mais quel est cet accueil, et d'où naît ta froideur ?
M'amais-tu fait l'affront de douter de mon cœur ?
Que l'apparence, ô ciel, jusque-là te prévienne !
Ton ame ne t'a pas répondu de la mienne !

BLANCHE, *confuse et embarrassée.*

Seigneur...

Saurin.

11

GUISCARD.

Je vois encor ton esprit incertain.
Sache donc que ton père, abusant de mon seing,
A tourné contre nous... Mais quel tourment te presse?
Tu trembles... tu pâlis... Ma chère Blanche !

BLANCHE, *du ton de la douleur la plus profonde.*

Laisse,

Oh ! laisse-moi, Guiscard.

GUISCARD.

Moi te laisser ! jamais;
Non, jamais... A mon cœur il faut rendre la paix;
Il faut qu'à ton amant cette bouche adorée
Renouvelle la foi...

BLANCHE.

Mon ame est déchirée.

O crime irréparable !

GUISCARD, *vivement.*

Il ne l'est pas ! eh bien !
Ton cœur s'est trop hâté de condamner le mien :
Tu devais mieux connaître un amant qui t'adore;
Mais tout est réparé si tu m'aimes encore;
Dis que je suis aimé... donne-moi cette main,
Et que la mienne..,

BLANCHE, *retirant sa main.*

Hélas !

GUISCARD.

Tu résistes en vain.

BLANCHE.

Le ciel n'a pas voulu nous former l'un pour l'autre ;
Il n'unira jamais cette main à la vôtre.

GUISCARD.

Blanche !... Mais ce discours, ton trouble, ton effroi...
Tu m'arraches le cœur... O ciel! explique-toi :
Quel est donc le secret que ta douleur me cèle ?

BLANCHE.

Ne m'interrogez pas... Eloignez-vous.

GUISCARD.

Cruelle !

BLANCHE.

Un obstacle invincible...

GUISCARD.
                    Il n'en est point pour nous.
Non ; je suis roi, je t'aime , et je les vaincrai tous.
BLANCHE
Votre pouvoir est vain : le comte Osmont...
GUISCARD.
                                        Le traître !
Oserait-il prétendre ?...
BLANCHE.
                    Il respecte son maître...
Mais... il est mon époux.
GUISCARD.
                    Ton époux !... Que dis-tu ?
Osmont !
BLANCHE.
          Il est trop vrai.
GUISCARD.
                    Je reste confondu.
          (à part.)
Qu'as-tu fait ?... Juste ciel !
BLANCHE.
                              L'autorité d'un père ,
Une fatale erreur...
GUISCARD.
                    Perfide ! elle t'est chère
Cette erreur que l'amour aurait su démentir.
Penses-tu m'abuser par un vain repentir ?
Osmont , ô ciel ! Osmont posséder tant de charmes !
Tu l'aimais, oui.
BLANCHE.
          Cruel !
GUISCARD.
                    Je vois couler tes larmes...
Que servent à présent ces regrets superflus ?
Toi seule as pu nous perdre , et tu nous as perdus.
          (à part.)
Ciel , tandis qu'accusant l'éternité des heures,
Mon cœur impatient volait vers ces demeures,
Blanche me trahissait !

BLANCHE.

Eh bien ! tu dois haïr
Celle qui t'adorait , et qui t'a pu trahir.
Je ne te dirai point que mon père , que Laure...
Plus à plaindre que toi, je m'accuse et m'abhorre.
Va, d'un fatal amour perds jusqu'au souvenir;
Laisse à mon triste cœur le soin de me punir,
Victime d'une erreur que le remords expie ,
Quitte-moi pour jamais.

GUISCARD.

Demande donc ma vie :
Ma vie est de t'aimer...

BLANCHE.

Mon devoir de te fuir.

GUISCARD.

Non ; tes vœux et les miens tu ne les peux trahir ?
Non... ton père a tout fait ; il t'a sacrifiée
　　(*d'un ton très-ferme.*)
Mais tes sermens d'avance avec moi t'ont liée :
Cette main est à moi.

　　　　(*il lui prend la main.*)

SCÈNE IV.

BLANCHE, GUISCARD, OSMONT, LAURE.

OSMONT, à *Blanche.*

MADAME , oubliez-vous
Qu'elle vient d'être unie à celle d'un époux ?

BLANCHE.

Non ; ces nœuds sont sacrés , et mon cœur les révère.

GUISCARD , à *Osmont.*

Quelle est donc cette audace ?

SCÈNE VI.

BLANCHE, GUISCARD, OSMONT, SIFFREDI, LAURE.

BLANCHE.

(*à Guiscard.*)　　　　　(*à Siffredi.*)
　Ah! seigneur... Ah ! mon père...

Venez , et détournez les maux que je prévoi.

(elle sort avec Laure.)

SCÈNE VI.

GUISCARD, SIFFREDI , OSMONT.

GUISCARD , à Osmont.

EST-CE là le respect que tu dois à ton roi ?

OSMONT.

Ce rang dont il abuse il me le doit peut-être ;
Mais si je l'ai trop tôt reconnu pour mon maître,
Je saurai l'empêcher d'être mon oppresseur.

SIFFREDI.

Sire , vous, de nos lois l'auguste protecteur ,
Vous , des droits des humains sacré dépositaire ,
Méconnaissez-vous ceux et d'époux et de père ?
Eh ! pourquoi l'homme libre a-t-il créé des rois
Si ce n'est pour défendre et protéger ses droits ?

GUISCARD.

D'un discours importun épargne-moi la suite :
Au lieu de me juger regarde ta conduite.
Je connais mes devoirs et saurai les remplir ;
Mais connais-tu les tiens , toi qui, pour me trahir ,
D'un zèle spécieux couvrant ton imposture ,
As violé mes droits et ceux de la nature ?
C'est assez , Siffredi ; ne me réplique rien.
Toi, connétable, écoute, et consulte-toi bien :
Blanche aux autels n'a pu, par son père entraînée ,
T'engager une foi qu'elle m'avait donnée.
Fondé sur sa promesse , armé de mon pouvoir
Je briserai ces nœuds : ose t'en prévaloir,
Ose à ton souverain disputer sa conquête ;
Mais , connétable, apprends qu'il y va de ta tête.

OSMONT.

Ma tête! apprends, Guiscard , que ceux dont je descends
Ne la soumirent point à l'ordre des tyrans :
Des fiers enfans du nord la belliqueuse race
Sait repousser l'outrage, et brave la menace ;
De ce trône puissant fondateurs et soutiens ,
Notre épée a ses droits si le sceptre a les siens.

GUISCARD.

De ces droits prétendus tu pourras faire usage ;
Mais si le jour t'est cher, désormais n'envisage
Qu'avec l'œil d'un sujet soumis et repentant
Celle qu'aime ton maître, et que mon trône attend.

(il sort.)

SCÈNE VII.

OSMONT, SIFFREDI.

OSMONT, *à part.*

O ciel ! à cet excès porter la tyrannie !
Me ravir mon épouse et menacer ma vie !
J'ai, grace au ciel, un cœur, et trouverai des bras
Qui sauront mettre un frein à de tels attentats.
Il tient le sceptre encor d'une main trop peu ferme ;
On peut l'en arracher. Oui, je vole à Palerme :
Il faut desabuser Constance et ses amis.
Perfide ! tu tiendras ce que tu nous promis,
Ou je ne connais plus que Constance pour reine.

SIFFREDI.

La passion, seigneur, trop avant vous entraîne.
Le roi s'est oublié ; mais, croyez mes vieux ans,
Les conseils du courroux sont toujours imprudens :
Le repentir les suit. Vous êtes ma famille :
Mon honneur est le vôtre et celui de ma fille ;
Mais songez qu'avant tout nous sommes citoyens.
Voyons, sans hasarder de dangereux moyens,
Ce qu'exige l'honneur et permet la justice ;
Sauvons nos droits enfin sans que l'état périsse.
Ne précipitez rien ; mais évitez le roi,
Et de vos intérêts reposez-vous sur moi.
Je connais bien Guiscard : d'abord ardente et vive
Chez lui la passion tient la raison captive :
Laissez passer ce feu, le repentir naîtra.

OSMONT *fièrement.*

Je le crois qu'en effet il se repentira.
Vous connaissez Guiscard, vous auriez dû peut-être
Un peu plus tôt, seigneur, me le faire connaître ;

Mais que j'attende en paix , et sans être vengé ,
Qu'il daigne faire grace à mon cœur outragé ?
Non... sans plus écouter une vaine prudence ,
Je cours venger l'état , mon honneur et Constance :
Je paraîtrais un lâche aux yeux de tous , à moi ,
Si je pouvais souffrir...

SCÈNE VIII.

OSMONT, SIFFREDI, RODOLPHE, *à la tête des gardes.*

RODOLPHE , *à Osmont.*
SEIGNEUR , au nom du roi
Il faut que votre épée en mes mains soit remise.
OSMONT.
Mon épée ?

RODOLPHE.
Oui , seigneur.
SIFFREDI , *à part.*
Ciel ! quelle est ma surprise !
RODOLPHE.
Il faut de plus au fort me suivre sans délai.
OSMONT , *à Siffredi.*
Voilà de son pouvoir un glorieux essai !
SIFFREDI , *à part.*
Juste ciel ! pour l'état quel funeste présage !
Ce prince dont mes soins ont formé le jeune âge...
Je cours m'offrir à lui , sans doute il m'entendra.
        (*à Osmont.*)
Allez... Bientôt, mon fils , le ciel nous rejoindra.
Guiscard a de l'honneur ; il aime la justice ;
A ses pieds il verra le bord du précipice :
Mes yeux par le sommeil ne seront point fermés
Que vous ne soyez libre et les esprits calmés.

FIN DU QUATRIÈME ACTE.

ACTE V.

SCÈNE Ire.

SIFFREDI.

Le roi me l'a promis... Plus calme et plus traitable,
A ma prière enfin il rend le connétable ;
Demain il sera libre aux premiers traits du jour :
Mais qu'espérer, hélas ! d'un si faible retour ?
Indulgent sur ce point, ferme sur tout le reste,
Le roi persiste encor dans son projet funeste ;
Il ne compte pour rien les maux les plus affreux,
Notre perte et la sienne... O que de malheureux
Des passions des rois sont les tristes victimes !
Que de sang innocent pour expier leurs crimes !
Que dis-je ? Ah ! n'ai-je rien moi-même à m'imputer ?
J'ai couru vers l'écueil en voulant l'éviter ;
Mais j'atteste du moins l'œil perçant et sublime
Qui de nos cœurs éclaire et pénètre l'abîme,
Que mon zèle fut pur, et n'eut jamais pour loi
Que le bien de l'état et la gloire du roi.
A mon propre péril j'ai soutenu leur cause ;
N'importe. Quelque fin qu'un grand cœur se propose,
L'artifice peut-être est toujours criminel :
Soyons justes et vrais, et laissons faire au ciel...
Quelqu'un vient... à cette heure ?

SCÈNE II.

OSMONT, SIFFREDI.

SIFFREDI.
     O ciel! quelle est ma joie ?
Se peut-il que sitôt, mon fils, je vous revoie ?
J'espérais que du jour la naissante clarté
Serait l'instant heureux de votre liberté ;
Mais le roi le prévient, et ce retour efface...
OSMONT.
Je n'ai point de Guiscard obtenu cette grace ;

Je n'en attends de lui ni n'en veux : non, mon cœur
Qui brave son courroux dédaigne sa faveur.
Robert commande au fort, et mon sort l'intéresse ;
Il m'a laissé sortir sur la simple promesse
Que l'aube en se levant me verrait de retour.
J'ai trouvé chez Constance une nombreuse cour,
De ses amis, des miens, une troupe zélée
Qu'au bruit de ma prison la nuit a rassemblée.
Tous réclament l'honneur, la liberté, la foi ;
Nomment tyran celui que vous appelez roi :
« C'est saper, disent-ils, la sûreté publique,
» Et les lois de l'état, et la paix domestique.
» Quoi ! ce consentement authentique et formel
» Etait donc pour Constance un affront solennel !
» Mais elle a pour garant tout un sénat auguste.
» Si Guiscard se refuse à la loi sage et juste
» Qui, l'appelant au trône, ordonne qu'avec lui
» Constance le partage et s'en rende l'appui,
» C'est au roi des Romains d'y monter avec elle ;
» Au défaut de Guiscard le testament l'appelle. »
Voilà quels sont, seigneur, les sentimens de tous.
Refuserez-vous seul de vous unir à nous,
Vous dont la politique et les sages lumières
Ont dirigé du roi les volontés dernières ?

SIFFREDI.

Je soutiendrai sans doute un plan qu'à ce grand roi
L'intérêt de l'état inspira plus que moi ;
Mais craignons avant tout de plonger la Sicile
Dans toutes les horreurs d'une guerre civile,
Et ne nous hâtons pas d'appeler l'étranger.
Je veux sous vos drapeaux que prompts à se ranger
Les amis de Constance embrassent sa querelle ;
Que tous brûlent de vaincre ou de mourir pour elle :
Ceux du roi sont nombreux ; et sous ses étendards
Vous verrez à son nom voler de toutes parts
Les peuples attachés au sang qui le fit naître.
On ne veut point ici d'un étranger pour maître :
Ce trône dont jadis posa les fondemens
L'immortelle valeur de nos héros normans,
Leurs fils souffriront-ils que la race suève

A la leur aujourd'hui le dispute et l'enlève ?
Non ; le roi des Romains leur serait odieux.
Ah ! que la passion ne ferme point nos yeux !
Et s'il est vrai, seigneur, que la vertu nous touche,
Et soit dans notre cœur comme dans notre bouche ;
Si nous aimons l'état, il faut nous réunir,
Non pour faire les maux, mais pour les prévenir.

OSMONT.

Je n'en sais qu'un moyen : perdons qui nous offense ;
Ecrasons un tyran, tandis que sa puissance
N'est pas encor au point de nous faire trembler :
Mais si vous demandez que, pouvant l'accabler,
Au droit de me venger lâchement je renonce,
Interrogez l'honneur, il fera ma réponse.

SIFFREDI.

N'appelez point honneur cet enfant de l'orgueil,
Eternel artisan de discorde et de deuil,
Qui, toujours altéré de sang et de vengeance,
N'est jamais assez grand pour pardonner l'offense ;
Qui, superbe et farouche, immole tout à soi,
Et prend le préjugé, non la vertu, pour loi :
Le véritable honneur n'est que la vertu même ;
Oui, de nos actions seule arbitre suprême...

OSMONT.

On peut penser ainsi dans cet âge avancé
Qui transforme en vertu son courage glacé :
Moi dont le sang encor dans les veines bouillonne,
Je sais comme on se venge, et non comme on pardonne.

SIFFREDI.

Eh bien ! à vos fureurs immolez donc l'état !
Mais ne vous flattez pas que de cet attentat
Un cœur tel que le mien soit jamais le complice,
Non... Du roi cependant je blâme l'injustice.
Je maintiendrai le nœud qui joint ma fille à vous :
Le roi réclame en vain ; vous êtes son époux.
Ma juste fermeté bravera sa colère ;
Mais s'il ne souffre pas que la raison l'éclaire,
S'il persiste à n'avoir que son désir pour loi,
Il n'est qu'un seul parti qui soit digne de moi :
Je ne partagerai vos complots ni son crime,

Mais je serai, seigneur, sa première victime.
Adieu... De votre cœur modérez les transports.

OSMONT.

Ah ! j'y ferais, seigneur, d'inutiles efforts ;
Osmont n'a point appris à dévorer l'outrage.

SIFFREDI.

Le roi verra l'abîme où son projet l'engage.
Demain tout peut changer : mon fils, comptez sur moi,
Et retournez au fort dégager votre foi.

SCÈNE III.

OSMONT, *seul.*

Que je compte sur lui !... promesse trop frivole !
Je vois qu'au fond du cœur Guiscard est son idole :
Il porte à ce tyran un amour insensé.
Dois-je lui confier mon honneur menacé ?
Il désapprouve en vain la fureur qui m'enflamme ;
Mille soupçons affreux s'élèvent dans mon ame.
Guiscard veut que je reste au fort jusqu'au matin...
Si cette nuit couvrait un horrible dessein !
Les pleurs de mon épouse, et sa frayeur mortelle,
Son trouble... Il est trop vrai, Guiscard est aimé d'elle...
La perfide ... Je crains un complot odieux...
Oui, près d'elle Guiscard élevé dans ces lieux...
Arrachons-la d'ici, prévenons l'entreprise :
J'ai des amis tout prêts, la nuit me favorise ;
Allons les disposer autour de ce palais :
Il faut de mon projet assurer le succès ;
Il faut pouvoir forcer mon épouse à me suivre...
Ah ! dans les noirs transports où mon ame se livre,
Blanche, Guiscard, et moi, je puis tout immoler.
J'entends du bruit... sortons.

SCÈNE IV.

BLANCHE, LAURE.

LAURE.
                    Où voulez-vous aller ?
Errante en ce palais, votre douleur muette

Y promène au hasard sa démarche inquiète ;
Et poursuivant en vain un repos qui vous fuit...

BLANCHE.

Abandonne mon ame au trouble qui la suit :
Va, laisse-moi, ton soin m'importune et me gêne.

LAURE.

Moi vous laisser ! ô ciel ! et lorsqu'à votre peine
Une effroyable nuit ajoute son horreur !

BLANCHE.

Une horreur plus affreuse est au fond de mon cœur.
Qu'importe, hélas ! qu'importe à ma douleur profonde
Que de son voile obscur la nuit couvre le monde ?
Quand elle aura fait place à la clarté du jour,
En gémissant encor j'attendrai son retour.
Laisse-moi ; je le veux ; mon amitié l'exige :
Tes conseils m'ont perdue... oui, laisse-moi, te dis-je ;
N'aigris point ma douleur ; ne me réplique rien.

(Laure s'éloigne.)

SCÈNE V.

BLANCHE, seule.

ME voilà seule enfin !... Que ne puis-je aussi bien
Ecarter de mon cœur les cruelles alarmes !
O sommeil ! c'est en vain que j'implore tes charmes :
Ta main sur les mortels verse l'oubli des maux ;
Mais il n'est plus pour moi ni douceur ni repos.
L'avenir m'épouvante, et le présent m'accable.
Osmont au désespoir... Osmont fier, implacable,
Dévorant dans les fers sa jalouse fureur...
O reproche cruel ! ô trop fatale erreur !
Mon cœur des passions éprouvait le tumulte :
J'en ai cru le dépit ; il perd qui le consulte.

(elle se jette dans un fauteuil.)

Ne puis-je me calmer ? La terreur me poursuit.
Que pour les malheureux l'heure lentement fuit !
Qu'une nuit paraît longue à la douleur qui veille !
Mais qu'entends-je ?... quel bruit a frappé mon oreille ?

(*elle se lève.*)
Je ne me trompe pas. Quelqu'un vient... c'est le roi.
Quel projet... je frissonne... ô ciel!

SCÈNE VI.

GUISCARD, BLANCHE.

GUISCARD.
RASSURE-TOI, .
J'ai su me ménager une secrète entrée.
BLANCHE.
Comment en vous voyant puis-je être rassurée ?
Vous, Guiscard, à cette heure! et lorsque dans les fers
Osmont... Si mon honneur, si mes jours vous sont chers..
GUISCARD.
O Blanche! écoute-moi.
BLANCHE.
Que pouvez-vous prétendre?
Quel dessein!... je ne dois ni ne veux vous entendre ;
Non... Vous voyez ma peine et mon trouble mortel...
Songez à quel reproche...
GUISCARD.
Il en est un cruel
Que Guiscard et ton cœur ont seuls droit de te faire,
C'est d'avoir cru perfide un amant si sincère ;
C'est de m'avoir trahi... Le temps est précieux ;
Rodolphe avec ma garde attend près de ces lieux,
Et le trajet est cours de Belmont à la ville ;
Il faut me suivre : viens, un respectable asile,..
BLANCHE.
Qu'osez-vous dire, ô ciel! et que proposez-vous ?
Un asile! en est-il qu'auprès de mon époux ?
Guiscard à ma vertu réservait cet outrage !
Avez-vous oublié qu'un nœud sacré m'engage,
Et que l'honneur me fait un austère devoir
De ne jamais oser vous parler ni vous voir,
Que je ne dois songer qu'à bannir de mon ame
Le souvenir trop cher d'une première flamme ;
Que nous devons nous fuir ; et qu'épouse d'Osmont

Votre amour désormais n'est pour moi qu'un affront?
GUISCARD.
Ah! crains mon désespoir, crains ma fureur jalouse.
Non, du perfide Osmont Blanche n'est point l'épouse;
Je ne le reconnais que pour ton ravisseur.
Pour contraindre ta main l'on a trompé ton cœur:
Rappelle nos sermens, et consens que l'on brise
De vains nœuds qu'ont tissus la fraude et la susprise.
Si la loi te dégage et te permet...
BLANCHE.
Seigneur,
La loi permet souvent ce que défend l'honneur.
GUISCARD.
L'honneur!
BLANCHE.
Tout cœur, soumis à ce juge suprême,
N'a qu'à s'interroger et descendre en lui-même,
Vous n'étoufferez point son murmure important:
Il dit qu'un souverain, comme père commun,
Doit respecter les droits d'un père de famille,
Le laisser à son gré disposer de sa fille;
Il dit que je ne puis recourir à la loi
Contre des nœuds cruels... mais consentis par moi.
GUISCARD.
Inhumaine!
BLANCHE.
Le ciel, qui consacre ma chaîne,
De vos peuples heureux veut qu'une autre soit reine:
C'est un titre plus cher que je regrette, hélas!
GUISCARD.
Tu ne m'aimas jamais!
BLANCHE.
Vous ne le croyez pas!
GUISCARD.
Blanche, l'heure s'envole, il en est temps encore:
J'eus tes premiers sermens, tu m'aimas, je t'adore:
Viens; mon trône t'attend; mais il faut sans retard...
BLANCHE, *vivement.*
Que parles-tu de trône? un désert et Guiscard...
C'en est trop... près de vous malgré moi je m'oublie.

(avec un effort marqué.)
Plaignez, mais respectez la chaîne qui me lie,
Et recevez de Blanche un éternel adieu.

GUISCARD.

Je ne le reçois point ; je demeure en ce lieu :
Je n'écoute plus rien qu'un désespoir funeste.
Périssent à tes yeux mes jours que je déteste !
Je te perds ; c'en est fait, tout est fini pour moi.

BLANCHÉ.

Quel transport te saisit ! ciel, quel est mon effroi ?

GUISCARD.

Je ne me connais plus... Blanche veut que je meure...
Oui, tu le veux... eh bien ! j'obéis, et sur l'heure
(tirant son épée.)
Ce fer...

BLANCHE.

Guiscard, arrête, ou le plonge en mon sein ;
Termine par pitié mon malheureux destin...
C'en est trop... je succombe à ma douleur mortelle ;
Au nom de cet amour...

GUISCARD.

Trahi par toi, cruelle !

BLANCHE.

Oui, j'ai trahi l'amour ; mais il reste à mon cœur
La vertu qui console au comble du malheur :
Veux-tu me la ravir ? veux-tu souiller ma gloire ?
Si je pouvais, cruel, et te suivre et te croire,
Serais-je digne encor et du jour et de toi ?
Non...

GUISCARD, *se jetant à ses pieds.*
Je meurs à tes pieds.

SCÈNE VII.

GUISCARD, OSMONT, BLANCHE.

OSMONT.

Ciel ! qu'est-ce que je voi ?
(à Guiscard, l'épée à la main.)
Guiscard aux pieds de Blanche !... A moi, tyran, vengeance :

Défends-toi !

GUISCARD, *aussi l'épée à la main.*

Songe, traître, à ta propre défense.

(*ils se battent ; Osmont tombe mortellement blessé.*)

BLANCHE, *à Osmont en courant à lui.*

O malheureux époux !

OSMONT, *se ranimant et la frappant de son épée.*

Femme perfide, meurs.

(*il retombe.*)

SCÈNE VIII.

GUISCARD, SIFFREDI, BLANCHE, RODOLPHE, GARDES.

SIFFREDI.

QUEL bruit se fait entendre ?... ô destins ! ô fureurs !

GUISCARD, *à Siffredi.*

Contemple ton ouvrage.

BLANCHE, *d'une voix mourante, à Guiscard.*

Ah ! si je vous suis chère,

Epargnez ses vieux ans.

SIFFREDI.

O ma fille !

BLANCHE.

O mon père,

GUISCARD.

Blanche, ma chère Blanche !...

BLANCHE.

Ecoutez-moi tous deux :

O trop malheureux père ! amant plus malheureux !

Jurez de respecter ma volonté dernière.

GUISCARD.

Je jure de quitter avec toi la lumière.

BLANCHE.

Non, vivez, je le veux : consolez ce vieillard ;

(*à Siffredi.*)

Ne lui reprochez rien... Vous, consolez Guiscard :

L'un à l'autre, en mourant, ma tendresse vous donne...
  (*à part.*)
La lumière me fuit, la force m'abandonne.
   (*à Guiscard, en lui tendant la main.*)
Ciel! prends pitié de moi... Guiscard... ta main... je meurs.
  GUISCARD, *voulant se frapper de son épée.*
Elle expire : la mort réunira nos cœurs.
    (*on le désarme.*)

FIN DE BLANCHE ET GUISCARD.

BÉVERLEI,

DRAME

EN CINQ ACTES ET EN VERS LIBRES,

DE

SAURIN;

Représentée', pour la première fois, en 1768.

PERSONNAGES.

BÉVERLEI.

MADAME BÉVERLEI, son épouse.

HENRIETTE, sœur de Béverlei.

TOMI , enfant de six à sept ans , fils de Béverlei et de
son épouse.

LEUSON , amant d'Henriette.

STUKÉLI , faux ami de Béverlei.

JARVIS , ancien domestique de Béverlei.

UN INCONNU.

UN SERGENT.

DES RECORS.

La scène est à Londres.

BÉVERLEI,

DRAME.

ACTE PREMIER.

Le théâtre représente un salon mal meublé, et dont les murs sont presque nus, avec des restes de dorure.

SCÈNE Ire.

MADAME BÉVERLEI, HENRIETTE.

(elles sont assises, et travaillent l'une au tambour, l'autre à la tapisserie.)

Mad. BÉVERLEI.

CHÈRE Henriette il ne vient point :
Quel tourment que l'inquiétude !

HENRIETTE.

C'est chez nous un mal d'habitude,
Ma sœur ; mais un autre s'y joint,
Plus cruel, à ne vous rien taire,
L'indigence.

Mad. BÉVERLEI.

Oh! pour celui-là
Plût au ciel qu'il fût seul ! Oui, ma sœur ; et déjà
Je sens qu'on apprend à s'y faire.
Ce salon que j'ai vu si richement orné,
Ses meubles, ses tableaux, ses glaces, sa dorure,
Tout cela rendait-il mon cœur plus fortuné ?
Ce sont besoins du luxe, et non de la nature :
Mes yeux à cet éclat s'étaient accoutumés :
A voir ces murs tout nus ils se sont faits de même :

Un seul objet les tient uniquement charmés,
Et rien ne masque ici quand j'y vois ce que j'aime!

HENRIETTE.

Vous me mettriez en courroux !
Tomber de l'opulence au sein de la misère ;
Cela n'est donc rien , selon vous ?
Oh ! je n'apprendrai, moi, qu'à détester mon frère :
Oui, je le haïrai dans peu ;
A le haïr vous-même il saura vous contraindre.

Mad. BÉVERLEI.

Mon époux ?... je pourrai le plaindre ;
Mais le haïr !

HENRIETTE.

Funeste amour du jeu !
Combien de fois , après l'aurore ,
Vous l'avez-vu rentrer, maudissant dans vos bras
Cette avare fureur qui l'agitait encore ?
Vos yeux de veiller étaient las ;
Mais son retour du moins consolait votre attente :
Ce n'est pas de même aujourd'hui ;
Depuis long-temps le jour a lui,
Et Béverlei , trompant votre ame impatiente ,
N'est pas encor rentré chez lui.

Mad. BÉVERLEI.

C'est la première fois.

HENRIETTE.

Ma sœur toujours l'excuse ;
Jamais contre lui de courroux.
Ah! vous êtes trop bonne, et mon frère en abuse.

Mad. BÉVERLEI.

Il n'a qu'un seul défaut.

HENRIETTE.

Qui les renferme tous :
La passion qui le dévore
Bannit toute vertu, tout sentiment du cœur.
Il fut un temps qu'il chérissait sa sœur ,
Qu'il adorait sa femme.

Mad. BÉVERLEI.

Eh ! ce temps dure encore.

HENRIETTE.

Ses traits sont altérés aussi bien que ses mœurs.
Qu'est devenu cet air qui lui gagnait les cœurs ,
    Cette grace , cette noblesse ,
    Et mille autres dons enchanteurs?
Les veilles , les chagrins ont flétri sa jeunesse.

Mad. BÉVERLEI.

Ce changement encor n'a point frappé mes yeux.

HENRIETTE.

Son fils !... En soupirant vous regardez les cieux ;
    Hélas! quel sera son partage ?
Pauvre enfant!

Mad. BÉVERLEI.

    Le besoin rend l'homme industrieux ;
Obligé de valoir , mon fils en vaudra mieux :
Le malheur et l'exemple instruiront son jeune âge ;
    De bonne heure il en recevra
    L'utile leçon d'être sage ,
    Et de sa mère il apprendra
    La patience et le courage.
    Ah ! croyez-moi , ma chère sœur ,
Le bonheur, dont souvent l'on ne poursuit que l'ombre,
    C'est le contentement du cœur :
Béverlei l'a perdu ; sur son front toujours sombre
On lit l'affreux remords dont il est dévoré;
    Rendre malheureux ce qu'il aime ,
Voilà le trait cruel dont il est déchiré...
    Ah! s'il pouvait se pardonner lui-même !

HENRIETTE.

Oh ! pour moi , quand je songe à quelle passion
Il a sacrifié le plus bel héritage ,
Je ne puis contenir mon indignation ;
    Le peu que j'eus pour mon partage
    Entre ses mains est demeuré.
Je crains...

Mad. BÉVERLEI.

    Vous lui faites outrage.

HENRIETTE.

Un joueur n'a rien de sacré,
Dès ce jour je veux qu'il me rende

Ce dépôt dans ses mains imprudemment laissé :
Pour lui faire cette demande
D'un trop juste motif mon cœur se sent pressé.

Mad. BÉVERLEI.

Quel motif ?

HENRIETTE.

Le soutien d'une sœur qui m'est chère.

Mad. BÉVERLEI.

Non, ce bien vous est nécessaire :
L'hymen doit à Leuson engager votre foi :
Cet amant en est digne, et je ne sais pourquoi
Son bonheur toujours se diffère.

HENRIETTE.

Puis-je y penser lorsque ma sœur
Gémit sous le poids du malheur ?

Mad. BÉVERLEI.

Vous êtes sur mon sort un peu trop inquiète :
J'ai des diamans, des bijoux,
Je n'en ai pas besoin pour être satisfaite,
Et s'il faut m'en priver...

HENRIETTE.

Ah ! ma sœur !

Mad. BÉVERLEI.

Calmez-vous.

Ma chère Henriette est trop vive ;
Tout peut encor se réparer.
Nous avons à Cadix un fonds qui doit rentrer :
Incessamment il nous arrive,
On nous en donne avis.

HENRIETTE.

C'est un fonds pour le jeu
Qui, croyez-moi, durera peu.

Mad. BÉVERLEI.

Il peut se corriger.

HENRIETTE.

Qu'un joueur se corrige,
Ma sœur !

Mad. BÉVERLEI.

Ah ! si le ciel opérait ce prodige
Mon sort pourrait faire encor des jaloux

De mille biens environnée,
Et surtout possédant le cœur de mon époux,
Des riches votre sœur fut la plus fortunée :
Si pour sa guérison mes vœux ne sont pas vains,
          Avec cet époux que j'adore
Réduite à subsister du travail de mes mains,
Des pauvres je serai la plus heureuse encore.
                    HENRIETTE.
     Oh! bien , ma sœur, n'en parlons plus.
       Je vous avertis au surplus
     Qu'hier Leuson me chargea de vous dire
Qu'il a sur Stukéli le plus grave soupçon :
Souvent sur notre front notre cœur se fait lire,
Et l'air de Stukéli n'annonce rien de bon.
             Mad. BÉVERLEI.
L'ami de mon mari ne peut qu'être honnête homme.
                  HENRIETTE.
Oh ! sans cesse pour tel lui-même il se renomme:
Leuson n'est pas léger , et le croit un fripon.
             Mad. BÉVERLEI.
N'entends-je pas quelqu'un ?

                  HENRIETTE.
                  Non.
          Mad. BÉVERLEI.
                         Je suis au supplice!..
Huit heures et demie!
                 HENRIETTE , à part.
              Elle me fait pitié!
          Mad. BÉVERLEI.
Pour le coup...

SCÈNE II.

Madame BÉVERLEI, HENRIETTE, JARVIS.

                 HENRIETTE.
     C'est Jarvis qu'après un long service,
Chargé d'ans, nous avons, par un dur sacrifice,
       Depuis six mois congédié.
          Mad. BÉVERLEI , à part.
     Sa présence m'est un reproche...
Saurin.   13

(*à Jarvis.*)
Jarvis, je vous avais prié
De vouloir à mon cœur épargner une approche
Dont il se sent humilié!

JARVIS.

Madame, excusez-moi ; je l'ai donc oublié...
O ciel ! en quel état je vois votre demeure !
M'avez-vous défendu les larmes qu'à cette heure
M'arrache l'aspect de ces lieux ?
Je voudrais les cacher : pardonnez, je suis vieux ;
A mon âge aisément l'on oublie et l'on pleure.

Mad. BÉVERLEI.

Je ne l'écoute pas avec tranquillité...
Asseyez-vous, Jarvis.

JARVIS.

C'est bien de la bonté.
Est-il bien vrai, mon pauvre maître
A, dit-on, perdu tout son bien ?
En ce logis je l'ai vu naître.
L'honnête homme de père, hélas! qu'était le sien !
Que Dieu fasse paix à son ame!
Mais après quarante ans, madame,
Il n'eût pas renvoyé le bon-homme Jarvis :
Jusqu'à sa mort je le servis ;
Courbé sous le poids des années
J'esperais auprès de son fils
Passer celles encor qui me sont destinées ;
Mais il ne me l'a pas permis.
Peut-être a-t-il trouvé ma vieillesse importune ;
Trop librement parfois je me suis déclaré.

Mad. BÉVERLEI

Non, de vous s'il s'est séparé,
Accusez-en, Jarvis, sa mauvaise fortune.

JARVIS.

Est-il réduit si bas ? Oh! j'en suis pénétré !
Comme je vous disais, ici je l'ai vu naître :
Son père a bâti la maison ;
Et cent fois dans mes bras, hélas! mon pauvre maître,
Je l'ai tenu petit garçon...
Aux pauvres il était si bon !

« D'où vient, me disait-il, qu'il est des misérables,
  » Des pauvres?... Ce sont nos semblables:
  » Je veux, si je suis jamais roi,
  » Qu'en mon royaume tout abonde;
  » Je rendrai riche tout le monde,
  » Et je commencerai par toi... »
Ce sont les mots de son enfance,
Comme d'hier je m'en souviens;
Et voilà que lui-même il est dans l'indigence!

     Mad. BÉVERLEI, *à part.*
Mes pleurs coulent en abondance...
(*bas à Henriette.*)
Parlez-lui.

     HENRIETTE, *bas.*
Que j'essuie auparavant les miens.
     JARVIS.
Me refusera-t-il, dans cet état funeste,
De m'attacher à son malheur?
Ce refus percerait mon cœur;
Et de mes tristes jours abrégerait le reste.
     Mad. BÉVERLEI, *entendant quelqu'un.*
Vous l'allez voir, je crois.

     HENRIETTE.
Ce n'est pas encor lui.

SCÈNE III.

MADAME BÉVERLEI, HENRIETTE., STUKÉLI,
JARVIS, *dans le fond.*

     Mad. BÉVERLEI, *à Stukéli.*
AVEZ-VOUS vu mon epoux aujourd'hui,
Monsieur Stukéli?

     STUKÉLI.
Non.
     HENRIETTE.
   Et cette nuit?
     STUKÉLI.
           Madame,
Hier au soir je l'ai quitté.
Quoi! mon ami serait resté

Toute la nuit loin de sa femme ?

HENRIETTE.

Votre ami! Pouvez-vous vous dire son ami
Quand son goût pour le jeu par vous est affermi,
Quand vous encouragez son vice ?

STUKÉLI.

Vous ne me rendez pas justice ;
Auprès de lui n'ai-je pas employé
Remontrance, conseil ? Ce sont les seules armes
Que me fournissait l'amitié ;
J'ai même été jusques aux larmes :
Enfin, le trouvant sourd à tout,
N'ai-je pas, dans l'espoir de réparer sa perte,
Poussé l'amitié jusqu'au bout
En lui tenant ma bourse ouverte ?
J'ai de son mauvais sort supporté la moitié.

HENRIETTE.

C'est avoir eu, monsieur, une fausse pitié.

STUKÉLI.

On n'abandonne point son ami dans la peine.

HENRIETTE.

Approfondir l'abîme où son penchant l'entraîne...
Vous vous attendez peu d'être remercié.

STUKÉLI.

De nous persécuter la fortune se lasse :
J'espérais...

Mad BÉVERLEI.

(à Henriette.)   (à Stukéli.)
C'est assez... Répondez-moi, de grace ;
Vous quittâtes hier mon époux ?

STUKÉLI.

Chez Vilson,
Avec gens qu'à connaître il n'est profit ni gloire :
Il ne m'en a pas voulu croire.

Mad. BÉVERLEI.

Y serait-il encor ?

STUKÉLI.

Jarvis sait la maison.

JARVIS.

Madame, irai-je ?

Mad. béverlei.
Il peut ne le pas trouver bon.
henriette, *à Jarvis.*
Allez-y comme de vous-même,
Jarvis.

stukéli, *à Jarvis.*
Et gardez-vous de prononcer mon nom ;
(*à part.*)
Il se plaindrait de moi.... peut-être avec raison.
Mad. béverlei, *à Jarvis.*
Allez donc... mais, de grace, avec un soin extrême,
Evitez tous les mots qui pourraient l'offenser :
Les malheureux, Jarvis, sont aisés à blesser ;
Avec ménagement il faut qu'on les approche.
J'ai toujours suivi cette loi :
Béverlei, consolé par moi,
De ma bouche jamais n'entendit un reproche
jarvis.
Il ne m'appartient pas de lui rien reprocher ;
Et puis voudrais-je le fâcher?
Mon pauvre maître ! hélas ! sa peine,
La vôtre, n'est-ce pas la mienne?
(*il sort.*)

SCÈNE IV.

Madame BÉVERLEI, HENRIETTE, TOMI,
STUKÉLI.

(*Tomi entre, et dit un mot tout bas à Henriette.*)

henriette, *à Tomi.*
A l'instant, mon petit ami :
Venez.
Mad. béverlei, *l'appelant.*
Ecoutez-moi, Tomi :
Ce matin, suivant l'ordinaire,
Votre père, mon fils, n'a pu vous embrasser ;
Mais quand il reviendra, si vous voulez me plaire,
Songez à le bien caresser :
N'y manquez pas.

TOMI.

Oh ! maman, je n'ai garde ;
J'aime tant mon papa !

Mad. BÉVERLEI.

Je ne crois pas qu'il tarde ;
Songez-y bien.

HENRIETTE, *à Tomi, en l'emmenant.*

Venez.

(*Tomi baise la main de sa mère, et sort avec Henriette.*)

SCÈNE V.

MADAME BÉVERLEI, STUKÉLI.

STUKÉLI.

C'EST tout votre portrait ;
Il est charmant.

Mad. BÉVERLEI.

Oh ! c'est son père trait pour trait...
Que tous deux le ciel les conserve !
(*elle s'assied et Stukéli aussi.*)
Mais daignez à présent me parler sans réserve :
A mon époux, monsieur, n'est-il rien arrivé ?
C'est la première fois que la nuit il s'absente ;
Et je crains...

STUKÉLI.

Quoi ! pour vous son amour éprouvé,
Pour lui, malgré ses torts, votre foi si constante,
Votre esprit, et votre beauté,
Tant de charmes qu'en vous l'on admire et l'on vante,
Tout ne répond-il pas de sa fidélité ?

Mad. BÉVERLEI.

Sans convenir, monsieur, de ces prétendus charmes,
Je ne soupçonne point sa foi :
Sur ce point je suis sans alarmes ;
Ce serait l'outrager.

STUKÉLI.

Comme vous je le croi ;
Et c'est avec plaisir, madame, que je voi
Que vous connaissez trop le monde

Pour écouter les vains propos
Que hasardent souvent les sots
Et les méchans dont il abonde.

Mad. BÉVERLEI.

Quel propos, et sur quoi?... Je ne vous entends pas.

STUKÉLI, *embarrassé.*

Mais... sur rien.

Mad. BÉVERLEI.

Pourquoi donc, monsieur, cet embarras?

STUKÉLI.

Je songeais qu'on a vu souvent la calomnie
Entre d'heureux époux semer la zizanie;
Qu'on doit fermer l'oreille à ses discours.

Mad. BÉVERLEI.

D'accord...

Mais que prétendez-vous conclure?
Mon mari m'aime, j'en suis sûre;
Et l'on ne m'a point fait contre lui de rapport,
Tout au contraire; et dans ce monde
Qui de sots, dites-vous, et de méchans abonde,
On convient que le jeu fait son unique tort :
Son cœur me reste au moins dans ma douleur profonde,
Et je ne le perdrais qu'en recevant la mort.

STUKÉLI.

Madame, pardonnez; peut-être
Le zèle et l'amitié m'ont fait aller trop loin?
Je vois que j'ai pris trop de soin,
Et qu'indiscrètement je vous ai fait connaître
Ce que de vous apprendre il n'était pas besoin;
Mais, malgré de vains bruits, j'ose ici vous répondre...

Mad. BÉVERLEI.

Il me suffit pour les confondre
Que je connaisse mon époux :
Tous ces vains bruits je les méprise;
Et si vous permettez, monsieur, que je le dise,
Mon estime pour lui m'en répond mieux que vous...

(*à part*)

Je ne puis résister au tourment qui me presse!...

(*à Stukéli.*)

J'ai besoin de repos, monsieur, et je vous laisse...

Vous pouvez cependant ici
Attendre en liberté que votre ami paraisse.

(elle sort.)

SCÈNE VI.

STUKÉLI, *seul.*

Bon ! mon projet a réussi :
J'ai mis le trouble dans son ame...
Madame Béverlei, vous avez oublié
Qu'avant que par l'hymen votre sort fût lié
Vous avez dédaigné ma flamme...
Sous le voile de l'amitié,
J'ai déjà ruiné le rival que j'abhorre ;
Dans le cœur de sa femme il faut le perdre encore.
Le perdre. . la gagner... c'est mon double projet.
Des deux côtés suivons ma trame :
Mon bonheur serait imparfait,
Si l'amour... Oui... déjà dans l'esprit de la femme
Adroitement j'ai glissé le poison,
Et j'espère bientôt... Quelqu'un vient... c'est Leuson :
Son esprit pénétrant me met en défiance ;
Il m'impose par sa présence,
Et je ne le vois pas d'un œil bien affermi.

SCÈNE VII.

LEUSON, STUKÉLI.

LEUSON.

Je vous trouve à propos : jusqu'en votre demeure
J'aurais été, monsieur, vous chercher tout-à-l'heure.

STUKÉLI.

De quoi s'agit-il donc, monsieur ?

LEUSON.

De mon ami,

De Béverlei.

STUKÉLI.

Dites le nôtre.

LEUSON.

Je dis le mien ; s'il eût été le vôtre...

STUKÉLI.

Monsieur, je crois l'avoir prouvé :
Dans les occasions Béverlei m'a trouvé ;
J'ai pour le secourir oublié la prudence.

LEUSON.

Ce n'est pas ce qu'on dit : on veut que chez Vilson
    Vous ayez avec Mackinson
    Une secrète intelligence ;
    Vous vous enrichissez, dit-on,
    Lorsque Béverlei se ruine.

STUKÉLI.

Monsieur...

LEUSON.

    C'est ce qu'on imagine :
Qu'en croirai-je ?

SCÈNE VIII.

HENRIETTE, *paraissant, et écoutant d'abord au fond du théâtre ;* LEUSON, STUKÉLI.

STUKÉLI.

    Monsieur Leuson,
Sur une question semblable
Ici je m'expliquerais mal ;
J'espère quelque jour, en lieu plus convenable...

LEUSON.

Le jour, le lieu, tout m'est égal :
Sortons ; l'instant est favorable.

HENRIETTE.

Monsieur Leuson, où voulez-vous aller ?
Demeurez, je veux vous parler.

STUKÉLI, *à Leuson.*

Il suffit ; serviteur.

               (*il sort.*)

SCÈNE IX.

HENRIETTE, LEUSON.

HENRIETTE.
Qu'avez-vous donc ensemble?

LEUSON.
J'ai démasqué le traître : il sait, le scélérat,
Que Leuson le connaît, et dans le cœur il tremble.

HENRIETTE.
Sur de simples soupçons ferez-vous un éclat?
Hasarderez-vous votre vie ?
Vous remplissez mon cœur d'effroi.

LEUSON.
Que ce tendre intérêt que vous prenez à moi
Transporte mon ame ravie!
Qu'en craignant pour mes jours vous me le rendez chers!
Mais ce lâche, au cœur faux, à l'œil timide et sombre,
Vil opprobre de l'univers,
N'a jamais su porter tous ses coups que dans l'ombre.
Je crois à sa valeur comme à sa probité ;
Vous voyez que mes jours sont bien en sûreté.

HENRIETTE.
Mais que prétendez-vous donc faire?

LEUSON.
Pour armer contre lui les lois,
Jusqu'ici je n'ai pas une preuve assez claire ;
Mais je l'aurai dans peu, j'espère.
C'est à vous cependant d'autoriser mes droits.
Donnez-moi Béverlei pour frère ;
Que ses intérêts soient les miens ;
Ne différez plus des liens...

HENRIETTE
Trouvez bon que je les diffère
Jusqu'à ce que ma sœur ait des destins plus doux,
Venez la consoler...Hélas ! dans l'amertume,
Sans se plaindre de son époux,
Sa beauté se flétrit, et son cœur se consume.

Tandis qu'elle est en proie à ce trouble mortel,
Ah! Leuson, de l'amour puis-je goûter les charmes?
          Non, son état est trop cruel;
Et je vais essuyer, ou partager ses larmes.

FIN DU PREMIER ACTE.

ACTE II.

*La scène est dans une place publique près de la maison
de Béverlei.*

SCÈNE Ire.

BEVERLEI, *fort en désordre.*

Ciel! voici ma maison, et je crains d'y rentrer:
A ma femme, à ma sœur, je n'ose me montrer...
J'ai tout trahi, l'amour, l'amitié, la nature.
A tout ce qui m'est cher, à moi-même odieux,
Sans dessein, sans espoir, errant à l'aventure,
La honte et le remords me suivent en tous lieux!...
          O du jeu passion fatale!
          Ou plutôt vil amour de l'or!
Eh! qu'avais-je besoin d'en amasser encor?
A ma félicité quelle autre fut égale?
Tout prévenait mes vœux, tout flattait mes désirs;
L'amour semait de fleurs ma couche nuptiale,
Et l'aurore avec moi réveillait les plaisirs...
Ah! pour moi que le ciel ne fut-il plus avare!
Si, lorsqu'à tous nos vœux la fortune sourit
          La sagesse est un don si rare,
La médiocrité, mère du bon esprit,
Vaut mieux que la richesse, hélas! qui nous égare...
Malheureux!

SCÈNE II.

JARVIS, BÉVERLEI.

JARVIS.

Ah ! monsieur , je sors de chez Vilson.

BÉVERLEI.

Toi , Jarvis ! connais-tu cette horrible maison ?
Ce gouffre où l'avarice égorge ses victimes ,
Où , parmi l'intérêt , la bassesse et les crimes,
Règne le désespoir , la malédiction ;
Image de ce lieu de désolation
Dont le courroux du ciel a creusé les abîmes ?

JARVIS.

Oubliez ce séjour maudit ,
Et venez consoler madame.
Elle n'était pas bien ; ses larmes me l'ont dit.

BÉVERLEI.

Laisse-moi... Tu dis que ma femme?...

JARVIS.

Je dis que dans ses bras vous devriez voler :
Votre retour , monsieur, peut seul la consoler ;
Venez.

BÉVERLEI.

J'ai tort, Jarvis , moi-même je me blâme ;
Mais , laisse-moi.

JARVIS.

Que je vous laisse , hélas !
Je ne sais s'il est des ingrats ;
Mais vos bontés pour moi long-temps ont su paraître.
Tout ce que j'ai , vous me l'avez donné :
Abandonnerais-je un bon maître
Lorsque de la fortune il est abandonné ?

BÉVERLEI.

Eh ! que peux-tu pour moi ?

JARVIS.

Bien peu de chose :
Cependant... Pardonnez... mon cher maître , je n'ose ;
En vous l'offrant, je crains...

BÉVERLEI.

O digne serviteur !
De ton maître avili crains plutôt la bassesse ;
Oui, crains que sans pitié, dépouillant ta vieillesse,
Je n'abuse de ton bon cœur.
Tu ne sais pas, Jarvis, ce que c'est qu'un joueur !
J'ai ruiné mon fils, et ma femme et ma sœur :
De la même fureur crains d'être aussi la proie.
Un misérable qui se noie,
S'attache en périssant au plus faible roseau ;
Crains que je ne t'entraîne aussi dans mon naufrage.
Si tu savais, ô ciel ! à quel excès nouveau
M'a porté cette nuit du jeu l'aveugle rage !
Ma femme... Ah ! je suis confondu...
Moi qui comptais un jour perdu
Le jour que je passais loin d'elle,
De toute cette nuit elle ne m'a point vu !
J'ai passé cette nuit cruelle,
Dans les convulsions d'un malheur obstiné,
A maudire cent fois le jour où je suis né.

JARVIS.

Venez donc : chaque instant pour madame est une heure ;
Songez...

BÉVERLEI.

Et tu dis qu'elle pleure ?

JARVIS.

Elle se cachait pour pleurer :
Des larmes s'échappaient à travers sa paupière ;
J'ai cru même tout bas l'entendre soupirer :
Vous n'avez pas un cœur de pierre ;
Ah ! si vous l'aviez vue...

BÉVERLEI.

Hélas ! que je la plains,
Et que je m'abhorre moi-même!
Sa vertu méritait de plus heureux destins.
Jarvis, de ma douleur extrême
Tu ne peux adoucir l'horreur ;
Tu n'assoupiras point le remords dans mon cœur:
Abandonne ce misérable ;
Va trouver ta maîtresse... Hélas ! dans son malheur

On peut la consoler, elle n'est pas coupable!

JARVIS.

Mais vous-même venez.

BÉVERLEI.

Dis moi la vérité :
Dans le monde, Jarvis, comment suis-je traité?

JARVIS.

On vous regarde comme un homme
Qui, dans un précipice en rêvant s'est jeté ;
Le meilleur des humains (c'est ainsi qu'on vous nomme)
Est partout plaint et regretté.

BÉVERLEI.

Bon vieillard, je sais me connaître :
Dis plutôt, sans flatter ton maître,
Que partout on me nomme époux ingrat, cruel,
Frère sans amitié, père sans naturel...
Va, dis-je, trouver ta maîtresse ;
Je te suis.

JARVIS.

Eh ! pourquoi différer d'un instant ?
Son cœur est bien dans la détresse :
Elle a bien des chagrins, mon cher maître ; et pourtant
Je jurerais que votre absence
De tous ses maux est le plus grand.

BÉVERLEI.

Tu peux de mon retour lui porter l'assurance.
A Stukéli je dois parler
Avant de me rendre auprès d'elle...
Mais modère pour moi ton zèle :
Qu'ont mes malheurs et toi, Jarvis, à démêler ?
Né dans ce que l'orgueil appelle la bassesse,
De l'honneur tu suivis la loi ;
Et l'honneur rarement conduit à la richesse,
Les besoins vont bientôt assaillir ta vieillesse ;
Ne mets pas la misère entre la tombe et toi...
Je vais chez Stukéli.

JARVIS, *voyant paraître Stukéli.*

Le voici.

BÉVERLEI.

Laisse-moi.

(*Jarvis s'éloigne.*)

SCÈNE III.

BÉVERLEI, STUKÉLI.

BÉVERLEI.

Eh ! bien ! cher Stukéli , quelle ressource ?

STUKÉLI.

Aucune.

Et je n'ai rien que d'affligeant
A vous annoncer.

BÉVERLEI.

Point d'argent ?

STUKÉLI.

On veut des sûretés : en avez-vous quelqu'une ?
Quant à moi, je n'ai rien qui puisse être engagé :
Vous avez épuisé ce que j'eus de fortune.

BÉVERLEI.

Oui , notre ruine est commune :
Dans l'abîme où j'étais plongé
Vous m'êtes venu tendre une main secourable;
Et moi , doublement misérable ,
J'ai dans le même abîme entraîné mon ami ;
Voilà de mes tourmens le plus insupportable.

STUKÉLI.

Montrez dans le malheur un cœur plus affermi ;
Appelons , croyez-moi , le courage à notre aide ;
La plainte n'est point un remède.
Voyez s'il ne vous reste plus
Quelqu'un de ces bijoux brillans et superflus
Que notre vanité prend sur le nécessaire.

BÉVERLEI

Infidèle dépositaire ,
J'ai perdu cette nuit les effets de ma sœur ,
Il ne reste plus rien que la honte à son frère.

STUKÉLI.

Tant pis ; car entre nous, je le dis sans humeur .
Je n'ai consulté que mon cœur ,

Et j'ai plus fait pour vous que je ne pouvais faire.

BÉVERLEI.

Il est trop vrai !

STUKÉLI.

Riche dans son état ,

Peut-être Jarvis...

BÉVERLEI.

Ah !

STUKÉLI.

A regret je le nomme ;

Mais ce n'est pas le temps d'être si délicat.

BÉVERLEI.

Ce l'est toujours d'être honnête homme :
Moi dépouiller ce bon vieillard !

STUKÉLI.

Adieu donc.

BÉVERLEI.

Quel brusque départ !

STUKÉLI.

Je ne veux pas du moins dans ce malheur extrême,
Qu'on puisse m'accuser de vous avoir séduit.
Leuson en fait courir le bruit :
Votre ami s'est pour vous sacrifié lui-même ;
Des reproches en sont le fruit.

BÉVERLEI.

Eh ! vous en fais-je aucun ? C'est moi seul que j'accuse ;
Nous périssons tous deux battus des mêmes flots.
Quant à Leuson , à ses propos ,
Je lui ferai sentir à quel point il s'abuse.

STUKÉLI.

Fort bien.. Mais pour tirer vous et moi d'embarras ,
Il faudrait autre chose, et vous n'ignorez pas
Que plus d'un créancier peut d'un moment à l'autre
Faire d'une prison mon séjour et le vôtre.
Je n'en sortirais pas : pour vous j'ai tout vendu :
Non content d'épuiser ma bourse ,
Effets , contrats , tout est fondu.
Vous du moins vous avez encor une ressource.

BÉVERLEI.

Nommez-la donc et prenez-la.

STUKÉLI.

Oh ! je ne prétends point cela...
Votre femme... mais non , je prévois sa réponse ,
Et trop mal-aisément une femme renonce
           A ce qui sert à l'embellir.

BÉVERLEI.

Ses diamans... Cruel ! je ne puis m'y résoudre :
           Tombe plutôt sur moi la foudre !
Son époux jusque-là ne saurait s'avilir :
La priver du seul bien qu'a respecté ma rage !
Non.

STUKÉLI.

           La nécessité demande du courage.

BÉVERLEI.

           Dis plutôt de la lâcheté.

STUKÉLI.

Je suis sûr qu'aujourd'hui la fortune volage
           Tournerait de notre côté :
           J'ai des pressentimens dans l'ame
Dont je garantirais l'infaillibilité.

BÉVERLEI.

Je les éprouve aussi , le même espoir m'enflamme !
Je brûle de jouer : mais permets , Stukéli ,
Que ton ami soit homme.

STUKÉLI.

           Et que le tien périsse !
           Mets ce que j'ai fait en oubli ;
           Laisse-moi dans le précipice :
           Je ne presse plus un ingrat.
           Qu'une femme , qui t'est si chère ,
Conserve ses bijoux , en pare avec éclat
           Et son orgueil , et sa misère...
           Je ne vous dis plus rien.

BÉVERLEI.

                      Hélas !
Que vous connaissez mal cette épouse adorée !
           Les bijoux dont elle fait cas
Ce sont mille vertus dont on la voit parée ,
           Et qui ne lui manqueront pas.
Son éclat naturel suffit à ses appas.

Saurin.   14

C'est pour plaire à moi seul qu'elle ornait sa figure ;
C'est pour ma vanité qu'elle avait des bijoux ;
     Pour les besoins de son époux
Elle s'en priverait sans peine et sans murmure.

STUKÉLI.

     Non ; de sentimens j'ai changé.
     Mon amitié fut sans réserve :
     Que dans une prison plongé,
     Votre ami...

BÉVERLEI.

         Le ciel m'en préserve !
Qu'un ami généreux, pour m'avoir assisté,
     Dans une prison soit jeté !
Stukéli me croit donc sans honneur et sans ame ?
     Dans le désespoir où je suis,
Accablé sous le poids du malheur et du blâme,
Je n'acheterai point le bonheur à ce prix.

STUKÉLI.

Avec trop de chaleur...

BÉVERLEI.

        Ah ! sans être de glace
En a-t-on moins en pareil cas ?
Non... Finissons de vains débats ;
Je vois ce qu'il faut que je fasse :

Allez chez vous.

STUKÉLI.

     Peut-être ai-je été trop pressant ?

BÉVERLEI.

Moi, trop ingrat.

STUKÉLI.

     Chez lui votre ami vous attend...

     (à part.)
J'imagine un moyen qui hâtera l'affaire.
                 il s'en va.)

SCÈNE IV.

BÉVERLEI, HENRIETTE.

BÉVERLEI.

Entrons.

HENRIETTE, *sortant de la maison.*
　　　　　C'est vous enfin, mon frère...
O mon Dieu ! comme vous voilà !
Qu'en voyant ce changement-là,
Ma pauvre sœur aura de peine !

BÉVERLEI.

Que fait-elle ?

HENRIETTE.
　　　　Elle goûte un moment de repos ;
Ses yeux se sont fermés, las d'une attente vaine.
Tandis que le sommeil a suspendu ses maux,
Mon frère, trouvez bon que je vous redemande
Les effets qu'en vos mains...

BÉVERLEI.
　　　　　　L'impatience est grande....
Quoi donc, ma sœur, votre Leuson
A-t-il sur ce sujet formé quelque soupçon ?
A d'étranges discours on dit qu'il se hasarde ;
Ose-t-il...

HENRIETTE.
　Sur ce point ! mon frère, il n'ose rien.
C'est moi jusqu'à présent qu'uniquement regarde
　　　Le soin de gouverner mon bien ;
Et mon dessein n'est plus qu'il reste sous la garde
D'un homme qui si mal à conservé le sien.

BÉVERLEI.
Avez-vous quelque inquiétude ?

HENRIETTE.
Rendez-moi mes effets pour la faire cesser,
Ou bien s'ils sont perdus daignez me l'annoncer.
　　　Le coup pourra m'en être rude;
　　　Mais j'ai tant souffert pour ma sœur,
　　　Pour son fils, que de la douleur
　　　Vous m'avez fait une habitude.

Mon mal sera pour moi plus léger que le leur...
Maudite passion !...

BÉVERLEI.

Epargnez-moi le reste.

HENRIETTE.

Sa maison fut un paradis ;
Deux anges l'habitaient, son épouse et son fils ;
La candeur ingénue et la beauté modeste
Lui prodiguaient leur doux souris ;
Et, lassé d'être heureux, de ce séjour céleste
Il s'est précipité dans l'abîme funeste
De la misère et du mépris.

BÉVERLEI.

Cruelle ! vous me percez l'ame.

HENRIETTE.

Si le mal sur vous seul tombait comme le blâme..

BÉVERLEI.

Un frère de sa sœur attendait plus d'égard :
Choisissez des couleurs moins dures ;
Vos reproches viennent trop tard ;
Sans pouvoir les guérir vous ouvrez mes blessures ;
De vos effets demain nous parlerons, ma sœur ;
Souffrez qu'aujourd'hi je respire.

HENRIETTE.

Demain donc, jusques-là je forcerai mon cœur
A garder sur lui plus d'empire.
Il faut du ciel respecter le courroux ;
Et sans murmure adorer sa justice :
Que ce soit cependant un frère qu'il choisisse
Pour nous faire sentir ses coups ;
Que ce soit un père, un époux...

BÉVERLEI.

Eh ! ma sœur !

HENRIETTE.

C'en est fait ; je garde le silence.

SCÈNE V.

BÉVERLEI, MADAME BÉVERLEI, HENRIETTE,
TOMI.

Mad. BÉVERLEI.

Soyez le bien venu!... Vous voilà, mon ami!

BÉVERLEI.

Chére épouse!... j'ai fait une bien longue absence ;
Je crains qu'en m'attendant vous n'ayez peu dormi.

Mad. BÉVERLEI.

Mon ami, laissons là ma peine et mes alarmes :
Je vous vois ; tout est oublié.

BÉVERLEI, à part.

Tant de vertu, de tendresse et de charmes!
Que je me sens humilié !
Que de reproches à me faire !

TOMI.

Mon papa !

BÉVERLEI.

Venez dans mes bras...

(il le baise.)

Venez çà, cher enfant !... Plus sage que ton père,
De tous les maux qu'il cause à son épouse, hélas !
Puisse-tu consoler ta malheureuse mère !

Mad. BÉVERLEI.

Malheureuse !... elle ne l'est pas,
Vous m'aimez.

TOMI, à Béverlei.

Mon papa...

BÉVERLEI.

Dites, mon fils ?

TOMI.

O dame !

J'ai bien eu du chagrin.

BÉVERLEI.

Comment, petit ami ?

TOMI.

C'est que maman tantôt elle pleurait.

Mad. BÉVERLEI.

Tomi,

Paix !

BÉVERLEI.

Laissez-le dire, ma femme...

(à *Tomi.*)
Ensuite ?

TOMI.

Dans ses bras j'ai couru tout d'abord,
Et puis, en me baisant, elle pleurait plus fort ;
Et moi, je me suis mis à pleurer tout comme elle.

HENRIETTE, *à part.*

Pauvre enfant !

BÉVERLEI, *à madame Béverlei.*

Que je sens vivement tout mon tort.

Mad. BÉVERLEI.

Pardonnez ; votre absence à mon cœur est cruelle.

SCÈNE VI.

BÉVERLEI, MADAME BÉVERLEI, HENRIETTE,
LEUSON, TOMI.

Mad. BÉVERLEI.

Voici, monsieur Leuson, dont le zèle et les soins
Ne se peuvent trop reconnaître.

BÉVERLEI.

Je lui suis obligé.

LEUSON.

Non ; mais j'espère au moins
Que bientôt vous me pourrez l'être :
J'espère parvenir à démasquer le traître...

BÉVERLEI.

Qui s'est perdu pour moi par excès d'amitié.

LEUSON.

Dites que pour vous perdre il en prend l'apparence.
Quand vous saurez qu'il est le vil associé...

BÉVERLEI.

N'allez pas plus avant ; qui l'outrage m'offense...
(à *madame Béverlei.*)
J'aurais, ma chère amie, à vous entretenir.

HENRIETTE.

Eh bien ! nous vous laissons, mon frère.
(*à Leuson.*)
Venez, monsieur Leuson.

LEUSON , *à Béverlei.*

Un temps pourra venir
Que vous remercîrez l'ami qui vous éclaire,
Et qui vous servira.
(*Henriette entre avec Leuson et Tomi.*)

SCÈNE VII.

BÉVERLEI, MADAME, BÉVERLEI.

BÉVERLEI.

J'AI peine à retenir
La colère qui me possède.
Un ami qui périt pour venir à mon aide,
Oser l'appeler traître, et l'oser devant moi !

Mad. BÉVERLEI.

Leuson vous aime et vous estime :
A de faux bruits sans doute il donne trop de foi ;
Mais il faut excuser le zéle qui l'anime.

BÉVERLEI.

Attaquer mon ami c'est s'attaquer à moi !...
Si vous saviez combien je lui suis redevable !
On connaît à l'épreuve un ami véritable ;
Et si Stukéli ne l'est pas,
Il faut à l'amitié ne croire de la vie.

Mad. BÉVERLEI.

D'un voile si sacré masquer la perfidie !
On n'a point le cœur assez bas :
Je pense comme vous.

BÉVERLEI.

Hélas ! ma chère amie,
Que tout le monde ici n'a-t-il votre douceur !
De toutes les vertus vous êtes le modèle :
J'ai beau déchirer votre cœur,
Je le trouve toujours indulgent et fidéle...
Ah ! j'ai détruit votre bonheur !

Mad. BÉVERLEI.

Il ne l'est point ; sortez d'erreur :
J'ai tout quand je vous vois ; et durant votre absence
Votre retour fait tous mes vœux.
Oubliez le passé comme un songe fâcheux,
Je me croirai dans l'abondance :
Il ne me manque rien que de vous voir heureux.

BÉVERLEI.

Amie, hélas ! trop généreuse !
Malgré moi du passé le cruel souvenir
Réfléchira son ombre affreuse
Sur les derniers momens de mon triste avenir…
Mais un autre chagrin en secret me dévore.

Mad. BÉVERLEI.

Parle, et dans ce cœur qui t'adore,
Cher époux, épanche ton cœur.

BÉVERLEI.

Cet ami que dans son honneur
Si lâchement on assassine…

Mad. BÉVERLEI.

Eh bien ?

BÉVERLEI.

J'ai causé sa ruine.
Tout le bien qu'avait Stukéli
Dans mon naufrage enseveli…
Des créanciers pressans, dont la poursuite vive
Ne lui laisse pour perspective
Que l'infâme séjour d'une horrible prison…
Tout cela dans mon cœur verse un mortel poison.
Mon amitié pour lui ne peut rester oisive.

Mad. BÉVERLEI.

J'espère…

BÉVERLEI.

Il faut agir, et non pas espérer.

Mad. BÉVERLEI.

Le fonds que sur Cadix nous avons à prétendre
Est très-considérable, et va bientôt rentrer.

BÉVERLEI.

Mon ami ne peut pas attendre :

Dans l'amertume de son cœur
Il m'a reproché son malheur.

SCÈNE VIII.

BÉVERLEI, Madame BÉVERLEI, UN INCONNU.

BÉVERLEI, *à l'inconnu.*
Que voulez-vous?
L'INCONNU, *lui présentant une lettre.*
C'est une lettre
Qu'entre vos mains, monsieur, on m'a dit de remettre.
(*Béverlei prend la lettre, et l'inconnu se retire.*)

SCÈNE IX.

BÉVERLEI, Madame BÉVERLEI.

BÉVERLEI, *ouvrant la lettre.*
Elle est de Stukéli.
Mad. BΩVERLEI.
Que vous annonce-t-il?
BÉVERLEI, *lisant.*
« Venez me voir le plus promptement que vous pour-
» rez ; c'est la seule marque d'amitié qu'actuellement je
» désire de vous. Depuis que je vous ai quitté, j'ai pris la
» résolution d'abandonner l'Angleterre. J'aime mieux me
» bannir de ma patrie que de devoir ma liberté au moyen
» dont nous avons parlé tantôt : ainsi n'en dites rien à
» madame Béverlei, et hâtez-vous de venir recevoir les
» adieux de votre ami ruiné.

STUKΩLI. »
Et ruiné par moi!... Je suivrai son exil.
Mad. BÉVERLEI.
Quoi!
BÉVERLEI.
Sans le secourir souffrir qu'il se bannisse !
J'ai causé son malheur, je dois le partager...
(*à part.*)
O fureur de jouer, abominable vice !
(*à madame Béverlei.*)
Voilà tes fruits amers... Il faut le soulager,
Saurin.   15

Ou le suivre... Il n'est point de parti si funeste...

Mad. BÉVERLEI.

Je ne puis supporter l'état où je vous voi !
Il parle d'un moyen... Dissipez mon effroi,
En est-il quelqu'un qui nous reste ?

BÉVERLEI.

C'est à moi de souffrir ; je suis seul criminel...
Ce cœur n'est pas assez cruel
Pour vouloir en priver et mon fils, et sa mère :
Votre beauté n'en a que faire ;
Mais c'est l'unique bien qui vous soit demeuré.

Mad. BÉVERLEI.

Mes diamans !

BÉVERLEI.

J'ai honte...

Mad. BÉVERLEI.

Es t-ce donc une affaire ?
Mon ami, sois bien assuré
Que la paix de ton cœur par-dessus tout m'est chère ;
Que jamais rien par moi n'y sera préféré.

BÉVERLEI.

Ta vertu me confond.... Tu m'en vois pénétré...
Mais de quel poids affreux ta bonté me soulage !

Mad. BÉVERLEI.

Mais vous ne joûrez plus ? Cela m'est bien promis ?
C'est à quoi mon époux expressément s'engage ?

BÉVERLEI.

Ah ! c'est pour t'adorer désormais que je vis.

Mad. BÉVERLEI.

Venez ; tout ce que j'ai va vous être remis.

BÉVERLEI.

De ton amour quel nouveau gage !...
Mais pour le meilleur des amis
Pouvais-je faire moins ?

Mad. BÉVERLEI.

Pouviez-vous davantage ?
Puisse-t-il en sentir le prix !
Et puisse votre cœur ne s'être pas mépris !

FIN DU SECOND ACTE.

ACTE III.

SCÈNE Ire.

STUKÉLI, *seul.*

J'AI tout au mieux joué mon rôle :
Voilà les diamans perdus,
Et cent pièces sur parole.
Tandis que notre ami confus
Chez Vilson en vain se désole,
Allons près de sa femme employer tout mon art.
J'ai tantôt mis le trouble en son ame incertaine :
Frappons un coup plus fort. Il faut que tôt ou tard
Le dépit... le besoin... mon bonheur me l'amène.

SCÈNE II.

Madame BÉVERLEI, STUKÉLI.

Mad BÉVERLEI.
Ah ! monsieur, vous voilà ? Mon mari vous a vu
Vous nous restez ?

STUKÉLI.
J'aurais voulu
Qu'il n'eût pas exigé, madame, un sacrifice...
J'ai pour l'en détourner fait tout ce que j'ai pu.
Mad. BÉVERLEI.
Oui, monsieur, je vous rends justice.
A fuir votre pays vous étiez résolu,
Je le sais.

STUKÉLI.
Quelquefois en blâmant son caprice,
D'un ami, malgré soi l'on se rend le complice.
Mad. BÉVERLEI.
Vous étiez dans la peine, il vous a secouru ;
Et je ne vois rien là qu'à louer.
STUKÉLI, *à part.*
Pauvre femme !
Que je la plains.

Mad. BÉVERLEI.
Monsieur, que dites-vous ?
STUKÉLI.
Madame...

Mad. BÉVERLEI.
Quelque chose en secret paraît vous agiter ?
STUKÉLI.
Il est vrai.
Mad. BÉVERLEI.
Mon époux...
STUKÉLI.
Je n'y puis résister.
Mad. BÉVERLEI.
Monsieur quel est donc ce mystère ?
STUKÉLI, *à part.*
Son sort me fait compassion ?
Mad. BÉVERLEI.
Quel sort ?
STUKÉLI.
A votre époux vous ne pouvez rien taire ;
Et la moindre indiscrétion
Sûrement entre nous causerait une affaire.
Mad. BÉVERLEI.
Ma prudence en ce cas est votre caution...
Quoi ! vous balancez ?
STUKÉLI.
Oui... contentez-vous d'apprendre ;
Que si vos diamans de vos mains sont sortis,
A quelque autre que moi vous devez vous en prendre ;
Qu'ils ne m'ont point été remis.
Mad. BÉVERLEI.
O ciel ! à ma supprise il n'en est point d'égale !
Eh ! pour qui ?
STUKÉLI.
Je ne sais... Il se répand des bruits...
Nous sommes dans un siècle... on a vu des maris...
Mad. BÉVERLEI.
Eh bien, monsieur ?
STUKÉLI.
Souvent une indigne rivale...

Mad. BÉVERLEI.

Achevez donc.

STUKÉLI.

Qu'il soit épris
D'un de ces vils objets de luxe et de scandale
A qui nous prodiguons l'argent et le mépris,
La chose paraît imposssible
Alors qu'on vous connaît.

Mad. BÉVERLEI.

Vous le croyez pourtant ?

Je le vois.

STUKÉLI.

Vous avez une ame si sensible :
Je sens trop en vous éclairant ,
De quel horrible coup elle serait frappée.

Mad BÉVERLEI.

Ce coup... Il est porté : vous déchirez mon cœur...
(à part.)
Béverlei, tu m'aurais trompée!
J'ai pu supporter tout , hors cet affreux malheur !
Riche de ton amour, au sein de la misère
Tu tenais lieu de tout à ce cœur éperdu...
Un autre objet a su lui plaire :
Ah! de ce seul instant, hélas ! j'ai tout perdu !

STUKÉLI , à part.

Mon projet réussit.

Mad. BÉVERLEI , à part.

Trop certain que je l'aime ,
Il en prend droit de m'outrager ;
L'ingrat de mes bontés s'arme contre moi-même ;
Il sait trop que de lui je ne puis me venger...
(à Stukéli.)
Non , je ne puis penser qu'à ce point il m'offense...
Un faux rapport vous a déçu.

STUKÉLI.

L'amitié m'imposait silence :
Il faut parler. Je sers la beauté, la vertu...
De son secret lui-même il m'a fait confidence.

Mad. BÉVERLEI.

Ainsi de votre ami trompant la confiance,
Près de sa femme, ici, vous venez l'accuser?

STUKÉLI.

Madame...

Mad. BÉVERLEI.

C'est assez : tu ne peux m'abuser.
Je vois trop que Leuson t'avait bien su connaître.
Oui, puisque Béverlei voulut t'ouvrir son cœur,
Qu'il te crut son ami, que tu prétendis l'être,
S'il n'est d'un imposteur, ton rapport est d'un traître.
Choisis d'être perfide, ou calomniateur...
Je te crois tous les deux. Va, de ta bouche impure
Ne viens plus en ces lieux distiller le poison...
Mais tremble, de ton imposture
Beverlei me fera raison.

STUKÉLI.

L'effet peut suivre la menace,
Madame : en des combats vous pouvez l'engager;
Ce n'est pas pour moi seul que sera le danger

Mad. BÉVERLEI.

Lâche ! tu n'oserais le regarder en face...
Mais ton sang souillerait ses mains,
Je lui cacherai ton audace.
Toi, dérobe à mes yeux le plus vil des humains.

STUKÉLI, *à part, en s'en allant.*

Cette fierté peut se confondre;
Et c'est en me vengeant que je dois lui répondre.

SCÈNE III.

MADAME BÉVERLEI, *seule.*

DE ses artifices trompeurs
Je reconnais le piége, et pourtant je soupire !
Avec peine mon sein respire,
Et mes yeux se couvrent de pleurs !...
Béverlei ! Béverlei !

SCÈNE IV.

Madame BÉVERLEI, HENRIETTE.

HENRIETTE.
Je vous vois tout en larmes,
Toujours de nouvelles douleurs,
Toujours de nouvelles alarmes.
Je vous l'ai déjà dit, ma sœur,
Vous gâtez votre époux à force de douceur....
Vous ne m'écoutez pas?

Mad. BÉVERLEI.
Ma sœur, je le confesse,
Je suis toute troublée.

HENRIETTE.
Eh! quel trouble vous presse?
Il aura joué? Deviez-vous,
Ma sœur, lui donner vos bijoux?
Si facilement, je vous prie,
Les lui fallait-il accorder?
Avant de les avoir il aurait eu ma vie.

Mad. BÉVERLEI.
Il n'avait qu'à la demander,
Il aurait eu la mienne.

HENRIETTE.
O ciel! quelle faiblesse!
Mérite-t-il cette tendresse?

Mad. BÉVERLEI.
Si long-temps il fit mon bonheur!
Si long-temps tous les deux nous ne fîmes qu'une ame!
(*vivement.*)
Que fut-il? un ingrat!... Il ne l'est pas, ma sœur.
Je sacrifirais tout pour lui prouver ma flamme;
C'est un plaisir pour moi qui ne vaut aucun bien.
Adieu... Quelques instans je veux être à moi-même,
Et je vois que Leuson cherche votre entretien.
Il vous apprendra comme on aime.
(*elle rentre chez elle.*)

SCÈNE V.

LEUSON, HENRIETTE.

HENRIETTE.

NE laissons point seule ma sœur ;
Venez.

LEUSON.

Daignez, belle Henriette,
D'un entretien d'abord m'accorder la faveur.

HENRIETTE.

Votre air sérieux m'inquiète :
De quoi s'agit-il donc ?

LEUSON.

D'un fait
Que de savoir il vous importe.

HENRIETTE.

Hâtez-vous donc.

LEUSON.

C'est un secret
Que pour une raison très-forte,
Je ne puis révéler qu'à des conditions.

HENRIETTE.

Eh bien ! expliquez-les ; voyons.

LEUSON.

La première, c'est de m'apprendre
Si votre cœur, pour moi changé,
Ne désirerait pas de se voir dégagé,
Et si par vos délais je ne dois pas comprendre...

HENRIETTE.

Prenez garde, monsieur Leuson :
Qui de mon changement peut former le soupçon,
A ce changement doit s'attendre,
Et quand vous doutez de ma foi...

LEUSON.

Non : je ne doute que de moi.
On connaît mal d'abord l'humeur, le caractère,
Tout prend dans un amant les couleurs de l'amour :
Ses défauts sont cachés sous le désir de plaire.
Je crains que par le temps les mieux produits au jour...

HENRIETTE.

Monsieur, répondez, je vous prie,
Répondez en homme d'honneur :
Dites si dans le fond du cœur
Vous ne désirez pas que le mien se délie.

LEUSON.

Ah! le ciel m'est témoin qu'il y va de ma vie,
Au bonheur d'être à vous mes jours sont attachés.

HENRIETTE.

Sachez donc de mon cœur les sentimens cachés :
Il n'est plus le même.

LEUSON.

Ah! cruelle!

HENRIETTE.

Ecoutez jusqu'au bout.

LEUSON.

Parlez, mademoiselle.

HENRIETTE.

En vous connaissant mieux, Leuson,
Ce qui fut un penchant est devenu raison,
Et sur moi l'un et l'autre ont pris tant de puissance,
Que, fussiez-vous dans l'indigence,
Avec vous je préférerais
La plus simple cabane au plus riche palais.

LEUSON.

Adorable Henriette!... Eh bien donc! je demande
(C'est mon autre condition)
Que d'une si chère union
Le jour fixé par vous...

HENRIETTE.

Ah! souffrez que j'attende.

LEUSON.

Je n'attends plus : non ; il faut que demain
De tous vos délais soit le terme,
J'en veux votre parole, Henriette, ou mon sein
Garde le secret qu'il renferme.

HENRIETTE.

Vous êtes trop pressant.

LEUSON.

Vous balancez en vain,

Et si je vous suis cher, toute excuse est frivole.
HENRIETTE.

Il faut céder.
LEUSON.
Votre parole?

HENRIETTE.

Elle est à vous... Votre secret?
LEUSON.

Toute votre fortune...
HENRIETTE.
Eh bien?

LEUSON.
Elle est perdue.

HENRIETTE.

O ciel... je reste confondue.
Perdue!... Et Leuson qui le sait...
Vous avez surpris ma promesse :
De votre procédé j'admire la noblesse ;
Mais...
LEUSON.

J'ai votre parole... Eh quoi!
Voilà que vous rêvez, Henriette, et je voi
Des pleurs au même instant mouiller votre paupière.
HENRIETTE.

Il faut vous dévoiler mon ame toute entière :
Quelque beau procédé que vous me fassiez voir,
Peut-être vous m'allez accuser d'être fière ;
Mais je crains de vous trop devoir.
Oui, Leuson, si j'ai tort, ce tort est excusable :
Notre fortune était semblable,
Et l'hymen, nous liant de ses nœuds les plus doux,
Laissait tout égal entre nous ;
Mais pour dot aujourd'hui vous porter l'indigence,
N'est-ce pas jusqu'au tombeau
Envers vous d'une dette immense
M'imposer le rude fardeau?
N'est-ce pas...
LEUSON.

Quelle erreur ! Eh quoi ! belle Henriette,
Entre deux cœurs qui ne font qu'un

Peut-il subsister quelque dette ?
Est-il quelque fardeau qui ne soit pas commun ?
Craint-on d'être obligé par un autre soi-même ?
Tout est acquitté quand on s'aime.

HENRIETTE.

Que tout le soit donc entre nous.
L'orgueil voudrait en vain se soulever encore,
Henriette consent à tenir tout de vous :
Voici ma main, Leuson.

LEUSON.

Qu'en un moment si doux
Je baise mille fois cette main que j'adore..

HENRIETTE.

Mais de mon bien perdu quel est votre garant ?

LEUSON.

Un homme qui me doit quelque reconnaissance,
Bates, de Stukéli le principal agent :
Il m'en a fait la confidence ;
Et sans doute en le ménageant
Je parviendrai bientôt à mettre en évidence
La manœuvre du scélérat
Dont Béverlei fait tant d'état.

HENRIETTE.

Plût au ciel !

LEUSON.

Je vous laisse... Adieu, belle Henriette.
Tenez à Béverlei notre affaire secrète :
Prévenu trop long-temps en faveur d'un pervers,
J'espère que demain ses yeux seront ouverts.

(il s'en va.)

SCÈNE VI.

HENRIETTE, *seule.*

DE sentimens quelle délicatesse,
Et quel généreux procédé !
Qu'il mérite bien ma tendresse !...
Mais, mon frere, à quel point le jeu l'a dégradé !...
Ah ! pour toi, chère sœur, quelle douleur cruelle

Quand cette fatale nouvelle
Viendra frapper encor ton cœur déjà brisé !
Ce coup accablerait son courage épuisé :
Il faut la lui cacher et me résoudre à feindre.
Mais voici Béverlei... Tâchons de nous contraindre...
Que cet effort coûte à mon cœur !

SCÈNE VII.

BÉVERLEI, HENRIETTE.

BÉVERLEI.

Ah ! vous voilà, ma chère sœur.
De moi depuis long-temps vous avez à vous plaindre :
Le vil amour du jeu me sut trop égarer ;
J'oubliai vous, mon fils, et ma femme, et moi-même ;
Mais, malgré tous ses torts, votre frère vous aime :
Il vous aima toujours, et veut tout réparer.

HENRIETTE.

Qu'annonce ce transport ? Un retour de fortune ?
Cette vicissitude aux joueurs est commune :
Mais...

BÉVERLEI.

Je ne le suis plus... Non, j'abhorre le jeu ;
De le fuir à jamais devant vous je fais vœu.

HENRIETTE.

Pour la millième fois.

BÉVERLEI.

Où votre sœur est-elle ?
Je lui viens annoncer une grande nouvelle.

HENRIETTE.

Vous la voyez.

SCÈNE VIII.

BÉVERLEI, MADAME BÉVERLEI, HENRIETTE.

BÉVERLEI.

Ma femme, embrassez votre époux,
Et sachez le bonheur que le ciel nous envoie.

Mad. BÉVERLEI.

Il sait les vœux que je lui fais pour vous...
Mais quel est donc ce grand sujet de joie ?

BÉVERLEI.

Nos fonds sont arrivés : le bon monsieur Johnson,
Homme d'honneur, et banquier de renom,
Vient de m'en faire la remise...
(*tirant un portefeuille de sa poche.*)
J'ai dans ce portefeuille, en billets différens,
Une somme qui monte à trois cent mille francs :
Le ciel a béni l'entreprise,
Et nous avons au moins décuplé notre mise.
(*il remet son portefeuille dans sa poche.*)

Mad. BÉVERLEI.

Mon cœur en est charmé moins pour moi que pour vous.
J'espère désormais que votre ame guérie,
Jouissant d'un destin plus doux,
Abjurera du jeu la triste frénésie ;
Que vous me rendrez mon époux.

BÉVERLEI.

Oui ; j'abjure à vos pieds cette fureur honteuse
Qui de mon fils, qui de ma sœur.
Qui d'une épouse vertueuse
A fait trop long-temps le malheur.
Autant qu'à vous, ma femme, elle m'est odieuse ;
Et je prends le ciel à témoin
Que je ne veux avoir désormais d'autre soin
Que d'élever mon fils et de vous rendre heureuse.

Mad. BÉVERLEI.

C'est de votre bonheur que dépend tout le mien.

BÉVERLEI.

Savez-vous mon projet ? Cet antique héritage,
Par mes pères transmis jusqu'à moi d'âge en âge,
Que j'ai vendu presque pour rien,
Je prétends y rentrer : là, je veux vivre en sage ;
Aux fureurs du sort échappé,
Las d'en éprouver les secousses,
Dans le sein des passions douces
Mon cœur reposera de vous seule occupé.

Mad. BÉVERLEI.

Ah ! mon ami !

HENRIETTE.

Fort bien. Du mal qui vous possède,
Mon frère , ainsi que de l'amour ,
La fuite est l'unique remède.

BÉVERLEI.

Oh ! j'en suis guéri sans retour.
Tant que mon ame en fut atteinte ,
De convulsions agité,
Entre l'espérance et la crainte
Je traînai de mes jours le tissu détesté...
J'ai cent fois été près d'attenter à ma vie.

Mad. BÉVERLEI.

Vous me faites frémir !

BÉVERLEI.

Le ciel , ma chère amie ,
Pour prix de vos vertus vient d'exaucer vos vœux.
Permettez cependant qu'un moment je vous quitte.
D'une dette pressante il faut que je m'acquitte :
Le retard serait dangereux ;
Ma personne en répond... Mais bientôt...

Mad. BÉVERLEI.

Avec peine

Je vous laisse aller.

BÉVERLEI.

A l'instant

Je reviens.

Mad. BÉVERLEI.

Mon ami, sur un point important
Il faut que je vous entretienne,
Et vous ne pouvez trop presser votre retour.

BÉVERLEI.

Je n'ai pas moins que vous d'impatience.

Mad. BÉVERLEI.

Allez donc... pendant votre absence
Nous préparerons tout pour fêter ce grand jour.
(*elle rentre chez elle avec Henriette.*)

SCÈNE IX.

BÉVERLEI , STUKÉLI.

BÉVERLEI.

Te voilà, Stukéli : sais-tu que la fortune...

STUKÉLI.

Oui, Johnson m'a tout dit : je vous fais compliment.

BÉVERLEI.

Ton amitié pour moi se montra peu commune ;
Tu verras si la mienne aujourd'hui se dément.
Mais je cours m'affranchir d'une dette importune,
Et satisfaire Jame, ainsi que Mackinson.

STUKÉLI.

Fort bien ! ils sont tous deux à présent chez Vilson .
    La partie est considérable ;
      Des flots d'or roulent sur la table.
Avec quelque bonheur on ferait un beau gain...
Mais je les ai laissés tous deux en mauvais train,
      Jouant d'un malheur effroyable :
Tu viendras à propos leur prêter du secours.

BÉVERLEI.

    Dans cette maison infernale
Je voudrais, s'il se peut, ne rentrer de mes jours :
      Elle me fut toujours fatale.

STUKÉLI.

Je t'approuve très-fort de ne point aller là :
On n'y joua jamais une partie égale...
C'est sur un tapis vert le Pérou qui s'étale ;
Tu serais tenté.

BÉVERLEI.

    Point.

STUKÉLI.

    Je doute de cela,
La fortune, il est vrai, n'est pas toujours cruelle :
      Tu parais en grace avec elle ;
Avec discrétion on pourrait la tâter...
Ce n'est point mon avis.

BÉVERLEI.

    Oh ! sois en assurance...

Cependant on peut m'arrêter :
Tu sais que Mackinson a contre moi sentence?

STUKÉLI.

Je l'avoue ; et quelqu'un m'a dit en confidence
Qui voulait dès ce soir la faire exécuter.

BÉVERLEI.

Eh bien! cette raison décide...
Mais n'appréhende rien : je te réponds de moi.

STUKÉLI.

Tu n'iras pas, si tu m'en croi :
Leuson viendrait encor me traiter de perfide...
Il ne parle pas mieux de toi...
(en appuyant.)
Il dit partout avec menace
Que du bien de ta sœur tu lui feras raison.

BÉVERLEI.

Laissons là ce monsieur Leuson;
On peut rabattre son audace...
Allons m'acquitter chez Vilson...
(il tire son portefeuille.)
Mais , pour plus de précaution ,
Tiens , garde ces billets.

STUKÉLI.

Qui , moi? Que je les prenne?
Tu connais le faible que j'ai :
Je te crois aujourd'hui dans une heureuse veine ;
Tu voudras les ravoir , et moi je céderai...
N'y vas pas , Béverlei; permets que je t'arrête.

BÉVERLEI.

Me crois-tu donc si faible , et que sur un tapis
Un peu d'or me tourne la tête ;
Que mes yeux en soient éblouis ?

STUKÉLI.

Un peu d'or ? Des monceaux !

BÉVERLEI.

Beaucoup ou peu , qu'importe ?

STUKELI.

On pourrait regagner tout ce que tu perdis...
Mais ne nous y fions que de la bonne sorte.

BÉVERLEI.

Non , je ne joûrai plus ; c'est un parti bien pris.
Mais puisqu'enfin tu crois cette épreuve si forte,
N'entrons pas ; demandons Mackinson à la porte.
(*Stukéli prend le portefeuille , et il s'en va avec
Béverlei.*)

FIN DU TROISIÈME ACTE.

ACTE IV.

Il fait nuit.

SCENE Ire.

BÉVERLEI , STUKÉLI.

STUKÉLI.

Que parlez-vous , ô ciel ! de fer et de poison ?
BÉVERLEI.
Mon sort est-il assez funeste !
J'ai tout perdu ; rien ne me reste
Que l'affreux désespoir qui trouble ma raison !
Ma fureur va jusqu'au délire !
STUKÉLI.
Fallait-il entrer chez Vilson ?
Si mes conseils sur vous avaient eu quelque empire ,
Votre ami...
BÉVERLEI.
Mon ami !... Barbare ! à toi ce nom ?
Tu n'es qu'une horrible furie
Qui de son souffle impur empoisonna ma vie ,
Un monstre par l'enfer contre moi déchaîné !
Sans cette amitié détestable
Serait-il un mortel plus que moi fortuné ?
En est-il un plus misérable ?
Heureux père, heureux frère, et moins époux qu'amant,
Manquait-il à mes vœux quelque bien désirable ?

Saurin.   16

Mais d'un fatal égarement
Réveillant dans mon cœur la semence endormie ,
Tu lui fournis de l'aliment ,
Et fis d'une étincelle un affreux incendie.
Tout a péri , mes biens , mon honneur et ma vie :
Voilà ce qu'a produit ta funeste amitié !

STUKÉLI.

J'excuse le malheur : votre injustice extrême
Excite mon courroux bien moins que ma pitié.
Mais avez-vous donc oublié
Que sûr , disiez-vous , de vous-même ,
Près d'entrer chez Vilson , je vous ai supplié...

BÉVERLEI.

Tu brûlais de m'y voir... Oui , j'ai vu l'artifice ,
Et qu'en montrant le précipice
Tu savais inspirer la fureur d'y courir...
Mais mon cœur était ton complice ,
Et cherchait lui-même à périr...
Mais , réponds-moi , pourquoi me rendre
Les effets qu'en dépôt j'avais mis dans tes mains ?

STUKÉLI.

Vous savez que pour m'en défendre
Tous mes efforts ont été vains ;
Vous avez voulu les reprendre.

BÉVERLEI.

Traître ! donne-t-on du poison
Au furieux qui le demande ?

STUKÉLI.

J'ai vu dans le malheur James et Mackinson ;
J'espérais...

BÉVERLEI.

J'ai contre eux un violent soupçon.
De scélérats c'est une bande
Dont la caverne est chez Vilson...
Ma perte n'est pas naturelle.

STUKÉLI.

On les dit cependant d'un honneur éprouvé ;
Et par moi l'un et l'autre en jouant observé
M'a paru loyal et fidèle.

BÉVERLEI.

Mais toi-même, l'es-tu ?

STUKÉLI.

Béverlei !...

BÉVERLEI.

Je ne sais...
Il me prend contre toi des mouvemens de rage !

STUKÉLI.

Me croyez-vous donc lâche assez ?...
Supportez le malheur avec plus de courage.

BÉVERLEI.

Du courage... La mort ! Mais, ma femme ! mon fils !
(*il le saisit au collet.*)
Traître ! tu m'as plongé dans l'abîme où je suis ;
Il faut m'en tirer, ou sur l'heure...
Je ne me connais plus... Pardonne !... Tu me fuis ?

STUKÉLI.

Je quitte un ingrat.

BÉVERLEI.

Ah ! demeure.

STUKÉLI.

Pour me voir accablé de reproches sanglans ?

BÉVERLEI.

Ah ! dans mes transports violens
Puis-je savoir si je t'outrage ?
Sais-je ce que je dis ? Suis-je maître de moi ?...
Non... Crains tout en effet... dans un moment de rage
Je puis te poignarder, et moi-même après toi.
(*il lui fait signe de s'en aller, avec un geste*
furieux.)

SCÈNE II.

BÉVERLEI, *seul.*

Ou porté-je mes pas ?... Ciel ! dans quel antre sombre
D'une ame bourrelée ensevelir l'horreur ?
C'est en vain que la nuit me couvre de son ombre,
On n'échappe point à son cœur :
Nuit, tu ne peux cacher un coupable à lui-même !

O désespoir ! ô honte extrême :
Quoi ! de mon repentir ce jour même est témoin ;
Celle qui lâchement à ma rage immolée
Apprit sans murmurer à souffrir le besoin ,
Ma femme est par moi consolée ;
Son bonheur désormais doit faire tout mon soin ;
Loin de Londre et du jeu , qu'à jamais je déteste ,
Je lui peins le séjour céleste...
L'enfer , hélas , n'était pas loin.
C'en est fait, à ses yeux je ne veux plus paraître.
Ma mort...

SCÈNE III.

BÉVERLEI, LEUSON.

BÉVERLEI.

Mais quelqu'un vient... Je crois le reconnaître...
Oui , c'est lui-même , c'est Leuson.
On dit que ses propos respirent la menace ,
Que du bien de ma sœur il veut avoir raison :
Je prétends que lui-même ici me satisfasse.

LEUSON, *à part.*

Quelqu'un a prononcé mon nom...
(*à Béverlei qu'il reconnaît.*)
Béverlei !... Mon ami , la rencontre est heureuse !
J'ai travaillé pour vous.

BÉVERLEI.

Sans en être prié :
C'est avoir l'ame généreuse.
Qui vous chargeait , monsieur , de ce soin ?

LEUSON.

L'amitié.

J'espère en tout son jour faire bientôt paraître
Le mortel le plus noir , et l'ami le plus traître...
Ce que j'ai découvert doit le faire trembler.

BÉVERLEI.

J'en connais un déjà qui doit trembler lui-même.

LEUSON.

De qui prétendez-vous parler ?
Quel est-il ?

BÉVERLEI.

Moi présent, il proteste qu'il m'aime ,
Et loin de moi sa bouche ose me diffamer.

LEUSON.

Cette énigme...

BÉVERLEI.

Je vais clairement m'exprimer.
J'ai , si l'on vous en croit , perdu par ma folie
Tout le bien que ma sœur vous devait apporter :
Voilà dans tous les lieux ce que Leuson publie ;
Qu'il ose en ma présence ici le répéter !

LEUSON.

Béverlei , la hauteur et le ton de ménace
Ont causé bien des maux qu'on eût pu prévenir ;
Et peut-être un autre à ma place...
Mais je saurai me contenir.
Je ne dis jamais rien qu'en face
Je ne sois prêt à soutenir :
Des discours qu'on me fait tenir
Nommez le délateur , et de sa vile audace
Cette main saura le punir.

BÉVERLEI.

Je sais ce qu'il faut que je pense ;
Et ce n'est là qu'un vain recours
Pour échapper à ma vengeance.

LEUSON.

O ciel ! quel étrange discours !
Béverlei me tient ce langage !
Mais nous nous sommes vus dans le champ de l'honneur ;
Il sait bien qu'aisément on ne me fait pas peur.

BÉVERLEI.

Je ne sais rien que mon outrage ;
Et , sans discourir davantage,
Défendez vos jours.

(*il tire son épée.*)

LEUSON.

Frappe , ingrat !
Suis la fureur qui te domine ;
Ta folle confiance en un vil scélérat
De tout ce qui t'est cher a causé la ruine ;

Il te reste un ami... que ta main l'assassine!

BÉVERLEI.

J'ai ruiné mon fils , et ma femme et ma sœur :
De malédictions qu'elles chargent ma tête ;
Je les accomplirai ; ma main est toute prête :
Mais toi , quel droit as-tu de noircir mon honneur ?
Tu te dis mon ami , barbare ! si c'est l'être ,
Ah ! sois le donc encor en me perçant le cœur !
Tu me vois à ce trait prêt à te reconnaître.

LEUSON.

      Remets ce fer... Je vois qu'un traître
A contre ton ami sourdement manœuvré :
Je crois même entrevoir le but qu'il se propose.

BÉVERLEI.

Eh ! par quelle raison juger qu'il m'en impose ?

LEUSON.

      Il sait que je l'ai pénétré :
En t'armant contre moi le lâche fourbe espère
De l'un des deux au moins par l'autre se défaire ;
      Mais son espoir sera trahi.
Tu ne verseras point le sang de ton ami ;
Ma main du sang du mien ne sera point trempée.
      Remets , te dis-je , cette épée...
Adieu : rentre chez toi. Demain , moins prévenu ,
Béverlei rougira de m'avoir mal connu.

(il s'éloigne.)

SCÈNE IV.

BÉVERLEI , seul.

Ce sang-froid de Leuson n'est pas celui d'un lâche ;
      Dans l'occasion je l'ai vu ;
      Sa valeur fut toujours sans tache...
      Stukéli m'aurait-il déçu ?

SCÈNE V.

BÉVERLEI, JARVIS.

*(Jarvis s'approche lentement de Béverlei qu'il cherche
à reconnaître.)*

BÉVERLEI , *à part.*

Que m'importe, après tout? Tiens-je encor à la vie ?
Dans le fond de mon cœur je sens mille bourreaux...
      D'un coup terminons tous mes maux ;
Il faut qu'avec ce fer elle me soit ravie...
Qui s'avance vers moi ? Parle ; est-ce un assassin ?
      Si tu l'es , viens, suis-moi ; ma main
Plus que la tienne encor est de sang altérée ,
      Et plus que toi je porte dans mon sein
      Une rage désespérée.

JARVIS.

Mon cher maître , daignez...

BÉVERLEI.

        Ah ! bon-homme, c'est toi.
    Que fais-tu si tard dans la rue ?
Tu devrais être au lit.

JARVIS.

    Monsieur , pardonnez-moi...
    (voyant l'épée nue.)
Vous-même... Ciel !

BÉVERLEI.

Quoi donc ?

JARVIS.

      Votre épée... Elle est nue...
Auriez vous... Ah ! monsieur, vous me glacez d'effroi !

BÉVERLEI , *à part.*

Oui, de quelque côté que je tourne la vue ,
La misère, l'opprobre est partout sur mes pas :
    Ce n'est que par un prompt trépas...

JARVIS, *l'interrompant.*
    (à part.)
Monsieur... De sa douleur, l'ame tout occupée,
Il se parle à lui-même, et ne m'écoute pas...

(*à Béverlei.*)
      O mon maître !
BÉVERLEI.
        Qui parle ?
JARVIS.
                Hélas !
C'est le pauvre Jarvis... Donnez-moi cette épée ;
Monsieur, au nom de Dieu, donnez-la moi; je crains...
BÉVERLEI, lui donnant son épée.
Oui, prends-la ; prends ce fer.... ôte-le de mes mains :
Peut-être en ce moment c'est le ciel qui l'envoie.
JARVIS.
    Ah ! monsieur, quelle est donc ma joie !
    Et que Jarvis se tient heureux !
BÉVERLEI.
Puisses-tu toujours l'être, ô vieillard vertueux !...
    Mais ne reste pas davantage :
De mes malheurs, Jarvis, crains la contagion ;
La ruine, l'horreur, la malédiction,
De tout ce qui m'approche est le cruel partage.
    Rentre, bon vieillard ; couche-toi.
Va trouver le repos... qui n'est plus fait pour moi !
JARVIS.
Permettez que chez vous, monsieur, je vous ramène.
BÉVERLEI.
Non... jamais.
JARVIS.
    Songez-vous quelle cruelle peine,
Madame... Pardonnez : vous voulez donc sa mort ?
BÉVERLEI.
Pour elle et pour mon fils de tous les maux le pire
C'est peut-être de vivre... Oui, dans leur triste sort
Ils passeront, hélas ! leurs jours à me maudire.
Laisse-moi... De la nuit je chéris la noirceur ;
Je voudrais en pouvoir redoubler les ténèbres.
Dans le fond de mon ame une plus grande horreur...
    N'entends-je pas des cris funèbres ?
JARVIS.
Tout garde le silence.

BÉVERLEI, *à part.*

O remords ! ô fureur !

(*à Jarvis.*)

Va-t'en... Couché sur cette pierre ,
Je passerai la nuit à dévorer mon cœur...
Eh ! puissé-je jamais ne revoir la lumière !

(*il s'étend sur les pierres.*)

JARVIS, *se jetant à ses genoux.*

Ah ! mon cher maître, à vos genoux
Votre vieux serviteur en larmes vous conjure...
Au nom de Dieu relevez-vous...
Vous n'avez point une ame dure ;
Madame est dans les pleurs...

SCÈNE VI.

Madme BÉVERLEI, *sortant de chez elle avec une
petite lanterne à la main,* BÉVERLEI, *couché sur
les pierres,* JARVIS, *à ses genoux.*

Mad. BÉVERLEI, *à part.*

JARVIS ne revient pas...
Je ne puis soutenir une plus longue attente.
Un trouble affreux m'agite... O ciel ! conduis mes pas
Guide ma démarche tremblante !

BÉVERLEI, *à Jarvis en se relevant à moitié.*

Tu m'importunes, bon vieillard.

JARVIS.

Votre père, monsieur, me montrait plus d'égard ;
Et vous même, dans votre enfance...

(*apercevant dans l'éloignement madame Béverlei sans
la reconnaître.*)

Mais je vois que vers nous une clarté s'avance.
Prenez garde... Quelqu'un...

Mad. BÉVERLEI , *à part.*

J'entends sa voix, je croi...
Oui, c'est lui... C'est Jarvis... Que mon ame est émue !..

(*reconnaissant Béverlei.*)

Je frémis... Approchons... Ciel ! qu'est-ce que je voi ?

JARVIS, *à Béverlei.*

C'est madame.

Saurin.   17

BÉVERLEI, *à part.*

Ma femme!... O terre, engloutis-moi!

Mad. BÉVERLEI, *à son mari, en se précipitant sur*
lui.

Mon ami!... je me meurs!... ce spectacle me tue.

Cruel! vous détournez la vue,

Vous fuyez mes regards!... mon cœur se sent glacer!...

Parlez-moi... Vous voyez qu'à peine je respire...

Ah! par pitié, faites cesser

Tout le trouble et l'effroi que ce moment m'inspire,

BÉVERLEI.

Je vais plutôt les redoubler.

Frémissez... Je n'ai rien que d'affreux à vous dire :

De malédictions vous m'allez accabler.

Mad. BÉVERLEI.

Ah! mon cœur en est incapable ;

Il n'apprendra jamais qu'à bénir mon époux.

BÉVERLEI.

Cet époux est un misérable,

Qui ne doit être vu par vous

Que comme un monstre détestable.

Ce jour a fixé notre sort :

La misère, les pleurs, voilà votre partage;

C'est celui de mon fils... Et le mien, c'est la mort.

Mad. BÉVERLEI.

Quoi donc?

BÉVERLEI.

Tout est perdu : le désespoir, la rage,

Voilà tout ce qui m'est resté.

Maudissez votre époux ; il l'a bien mérité.

Mad. BÉVERLEI.

Exauce mes vœux et mes larmes,

Ciel! d'un œil de bonté regarde sa douleur;

De son front obscurci dissipe les alarmes;

Ramène la paix dans son cœur !

Si l'infortune et la misère

Doivent tomber sur l'un des deux,

Epuise sur moi ta colère,

Et que Béverlei soit heureux !

BÉVERLEI.

Eh! c'est ainsi que me maudit ta bouche,
O d'une indigne époux vertueuse moitié,
Combien tant de bonté me confond et me touche!

Mad. BÉVERLEI.

Laisse donc la tendre pitié
Adoucir dans ton cœur le désespoir farouche.
Eh! pourquoi succomber au poids de tes douleurs?
Tout n'a point, mon ami, péri dans ton naufrage;
Mon partage n'est point la misère et les pleurs.

BÉVERLEI.

Que nous reste-t-il?

Mad. BÉVERLEI.

Le courage
Et le travail... Tu sais que toujours quelque ouvrage
Dans ton absence occupait mes momens?
Je trompais la longueur du temps...
Ah! crois-moi, c'est du sein de l'indigence même
Que naîtra mon plus doux plaisir:
Je n'ai fait jusqu'ici qu'amuser mon loisir,
Je ferai vivre ce que j'aime.

BÉVERLEI.

Ta vertu peut tout adoucir:
Mon désespoir cède à ses charmes;
Je me jette en ton sein, que je baigne de larmes...
O chère et tendre épouse! Et tu ne me hais pas?

Mad. BÉVERLEI.

Je t'aime et je te plains... Hélas!
(*Béverlei, son épouse et Jarvis se relèvent tout-à-fait.*)

SCÈNE VII.

BÉVERLEI, MADAME BÉVERLEI, JARVIS, UN SERGENT, DEUX RECORS.

LE SERGENT, *à Béverlei.*

Je vous arrête; il faut me suivre.

BÉVERLEI.

O fortune, voilà le dernier de tes coups!
On ne m'y verra pas survivre.

Mad. BÉVERLEI , *au sergent.*
Monsieur , je tombe à vos genoux.

LE SERGENT.

C'est de l'argent qu'il faut.

JARVIS.

De combien est la somme ?

LE SERGENT.

Trois cents pièces.

JARVIS.

Chez moi j'en ai moitié.

LE SERGENT.

Bon-homme ,

Il faut le tout.

JARVIS.

Demain je puis,

En fondant un contrat...

BÉVERLEI.

(*au sergent.*)

Finissons... Je vous suis....

(*à Jarvis.*)
Jarvis, ce nouveau trait a pénétré mon ame ;

(*à madame Beverlei.*)

Mais gardez votre argent... Embrassez-moi, ma femme.
Pour la dernière fois , je vous tiens dans mes bras...
Il faut subir mon sort.

(*on l'emmène.*)

Mad. BÉVERLEI , *le suivant avec Jarvis.*
Je ne vous quitte pas.

FIN DU QUATRIÈME ACTE.

ACTE V.

*La scène représente la chambre d'une prison : il doit
y avoir d'un côté une table sur laquelle est un pot
d'eau et un verre dans une jatte, et de l'autre un
fauteuil et une chaise à côté : Tomi est couché dans
le fauteuil, et Jarvis est assis sur la chaise à côté.*

SCÈNE Ire.

JARVIS, TOMI, *dormant.*

JARVIS, *en arrangeant l'enfant.*
Ses yeux se ferment... Il succombe.
Pauvre enfant ! le voilà qui dort...
O l'heureux âge ! sans effort
Dans les bras du sommeil il tombe :
Il ne craint pas que du remord
La voix en sursaut le réveille ;
Son innocence en paix sommeille,
Tandis que, le cœur déchiré,
Son père malheureux a vu le jour renaître
Avant que dans ses yeux le sommeil soit entré.
Quel changement fatal ! O mon maître, mon maître !
A quelle passion vous vous êtes livré !
Que de vertus en vous un seul vice a détruites !
Et qu'il a d'effroyables suites !
Puisse le ciel...

SCÈNE II.

MADAME BÉVERLEI, JARVIS, TOMI, *endormi.*

Mad. BÉVERLEI, *à Jarvis.*
Que fait mon fils ?
JARVIS.
Vous voyez, madame, il repose.
Mad. BÉVERLEI.
Dormez, cher enfant... Ah ! Jarvis,
Quels tourmens son père me cause !

Mes discours, tu le sais, avaient eu quelque fruit;
J'avais de ses transports calmé la violence:
　　　Cette prison a tout détruit.
　　O la cruelle, ô l'effroyable nuit!
　　　Plongé dans un morne silence,
L'œil fixe, il paraissait ni n'entendre, ni voir;
Et soudain furieux jusques à la démence,
　　　Poussant les cris du désespoir,
　　Il détestait son existence.

JARVIS, à part.

O mon maître!

Mad. BÉVERLEI.

　　　A ses pieds, que je baignais de pleurs,
J'invoquais les doux noms et d'époux et de père...
　　　A mes larmes, à ma prière
　　　Il n'opposait que des fureurs:
Deux fois cruellement ses bras m'ont repoussée...
De cet égarement à la fin revenu,
Honteux de voir sa femme à ses pieds abaissée,
　　　Son cœur s'est vivement ému;
　　　Contre son sein il m'a pressée;
Le torrent de nos pleurs alors s'est confondu.

JARVIS.

Je sens couler les miens.

Mad. BÉVERLEI.

　　　　Sa fureur s'est calmée;
Par le sommeil enfin sa paupière fermée
D'un repos passager lui prête la douceur.

JARVIS.

Le ciel en soit loué!

Mad. BÉVERLEI.

　　　　Mais cependant ma sœur
M'a mandé qu'il fallait que moi-même j'agisse,
　Et que pour mon époux il serait important
Qu'au dehors sans tarder un moment je la visse.
　　　Je vais profiter de l'instant,
　　　Jarvis, où mon mari sommeille.
Toi, sois bien attentif, prends garde, et s'il s'éveille
Ne le laisse point seul: mène-lui son enfant.
A l'aspect de son fils, à cette chère vue

D'un sentiment si doux un père a l'ame émue !...
Béverlei sentira son tourment adouci.
          A l'instant je reviens ici.
          Si de toi je n'étais pas sûre
Mon cœur à le quitter ne pourrait consentir.

               JARVIS.
          Sans crainte vous pouvez sortir.
Mad. BÉVERLEI , *après être allée regarder dans la*
     coulisse du côté où Béverlei est censé être couché.
          Il n'a pas changé de posture ;
Il dort profondément. Jarvis , je t'en conjure,
Observe bien l'instant qu'il se réveillera.
     (*elle regarde tendrement son fils , et puis elle sort.*)

SCÈNE III.

JARVIS , TOMI , *dormant.*

          JARVIS , *à part.*
JUSQU'AU retour de ma maîtresse
     J'espère qu'il reposera...
     Que de vertu, que de tendresse!
     L'excellente femme qu'il a !
Qu'il serait avec elle heureux, s'il savait l'être !...
J'entends du bruit... Allons doucement reconnaître...
Il ne dort plus.. C'est lui , pâle, défiguré,
Moins sombre cependant, et l'œil moins égaré.

SCÈNE IV.

BÉVERLEI , JARVIS , TOMI , *dormant.*

          BÉVERLEI , *à part.*
MA femme est éloignée ; écartons ce bon-homme :
     Il faut me défaire de lui.
               JARVIS.
     Vous n'avez fait qu'un léger somme ;
     Le repos bientôt vous a fui.
               BÉVERLEI.
Ta maîtresse est dehors ?

JARVIS.

Quelques soins nécessaires
L'ont forcée à sortir, monsieur, pour vos affaires :
Dans peu vous allez la revoir.

BÉVERLEI.

Je sens que du sommeil le baume favorable
Dans mon cœur plus tranquille a ranimé l'espoir.
J'ai besoin du conseil d'un ami véritable;
Je veux entretenir Leuson :
Va le trouver, Jarvis; dis-lui qu'en ma prison
Il me fasse à l'instant l'amitié de se rendre...
Qui te fait hésiter ?

JARVIS.

Mon cher maître, pardon;
Madame dans ce lieu m'a prescrit de l'attendre.

BÉVERLEI.

Elle n'a pas prévu l'ordre que tu reçoi...
Tu vois que je suis fort tranquille.

JARVIS.

Grace au ciel; monsieur, je le voi.

BÉVERLEI.

Va donc... Je veux quitter ce triste domicile.

JARVIS.

Mais...

BÉVERLEI.

Sans plus répliquer, j'ordonne... obéis-moi.

JARVIS.

J'y vais.

(*il sort.*)

SCÈNE V.

·BÉVERLEI, TOMI, *dormant.*

BÉVERLEI.

Mon heure est arrivée;
J'ai prononcé l'arrêt... Cet arrêt est la mort.
D'opprobre mon ame abreuvée
Ne peut plus soutenir son sort.
A ses tourmens mon cœur succombe.

(*en disant ces vers il approche de la table, met de
l'eau dans un verre, et y mêle la liqueur d'un
flacon qu'il tire de sa poche.*)
Je vais m'endormir dans la tombe...
M'endormir !... Si la mort, au lieu d'être un sommeil,
Etait un éternel et funeste réveil !
Et si d'un Dieu vengeur... Il faut que je le prie...
Dieu, dont la clémence infinie...
Je ne saurais prier... Du désespoir sur moi
La main de fer appesantie
M'entraîne.. Cependant j'entends avec effroi
Dans le fond de mon cœur une voix qui me crie :
« Arrête, malheureux ! tes jours sont-ils à toi ?... »
O de nos actions incorruptible juge,
Conscience !... Mais quoi ! sans espoir, sans refuge,
Voir ma femme, mon fils languir dans le besoin ;
Auteur de leur misère, en être le témoin ;
Endurer le mépris, pire que l'infortune ;
Mourir enfin cent fois pour n'oser mourir une !
Ah ! c'est trop balancer... On peut braver le sort ;
Mais la honte ! mais le remord !...
(*il prend le verre.*)
Nature, tu frémis !... Terreur d'un autre monde,
Abîme de l'éternité,
Obscurité vaste et profonde,
Tout cœur à ton aspect se glace épouvanté,
Mais j'abhorre la vie, et mon destin l'importe.
(*il boit.*)
C'en est fait... c'est la mort qu'en mes veines je porte.
De mes jours ce soleil éclaire le dernier.
Oh ! si l'homme au tombeau s'enfermait tout entier !
Mais des pleurs des vivans si l'âme encor émue
Voit ceux qui lui sont chers souffrans et malheureux,
Si j'entends vos cris douloureux,
O ma femme ! ô mon fils ! ô famille éperdue !
L'enfer, l'enfer n'a pas de tourmens plus affreux !...
O réflexion trop tardive !...

TOMI, en rêvant.

Mon papa.

BÉVERLEI.
Quel mot ai-je oui ?
(apercevant son fils.)

Mon fils !... Un doux sommeil tient son ame captive ;
Jusqu'au fond de mon cœur sa voix a retenti.
O douce expression de sa bouche naïve ,
  Je n'entendrai donc plus sa voix !
Nom cher dont la nature a conservé les droits ,
Tu ne frapperas plus mon oreille attentive !
Que je t'embrasse au moins pour la dernière fois ,
O malheureux enfant d'un plus malheureux père !
  Qu'en le voyant mon ame s'attendrit !
Il semble qu'en dormant sa bouche me sourit...
Cette bouche... ces traits... ce sont ceux de sa mère...
Pauvre enfant, tu ne sens ni ne prévois ton sort.
La honte de ma vie et l'horreur de ma mort ,
  Voilà ton unique héritage ;
  L'opprobre sera ton partage ;
De misère accablé , n'osant lever les yeux ,
Tu vivras pour maudire et le jour et ton père.
La vie est-elle donc un bien si précieux ?
Ma fureur t'a ravi tout ce qui la rend chère ;
Qui t'en délivrerait t'ôterait un fardeau...
Que n'a-t-on étouffé ton père en son berceau !
Mais déjà le poison... Je sens que je m'égare...
  Une épaisse et noire vapeur
  Couvre mes yeux , et dans mon cœur
  Fait naître une fureur barbare...
  Que dis-je fureur ? c'est pitié.
Pour qui dans le malheur languit humilié ,
Mourir est un instant , vivre est un long supplice !...
  Mon fils , ce serait là ton sort ?...
Osons l'y dérober... Le moment est propice...
Qu'il passe sans douleur du sommeil à la mort...
  (tirant un poignard de sa poche et le levant sur
    Tomi.)
Ce fer... tuer mon fils !... Le transport est horrible !
  Nature , ah ! ta voix dans mon cœur
  Vient de jeter un cri terrible !
Dans ce cœur déchiré la pitié... la fureur...

Il s'éveille.

TOMI, *se levant.*
Papa... vos yeux... ils me font peur.

BÉVERLEI , *à part.*
Sa voix , son jeune âge , ses charmes...

TOMI , *en tombant à ses genoux.*
Mon bon papa , pardonnez-moi !

BÉVERLEI.
Je n'y tiens pas ; tu me désarmes.
(*il jette le poignard.*)
O malheureux enfant ! O mon fils , lève-toi...
Mes pleurs inondent ton visage !

SCÈNE VI.

BÉVERLEI , MADAME BÉVERLEI, HENRIETTE,
TOMI.

TOMI , *à sa mère.*
MAMAN , sauvez Tomi !

Mad. BÉVERLEI.
Ciel ! quel est mon effroi !...
Cet enfant... Ce poignard...Cruel ! A quel usage ?

BÉVERLEI.
Des monstres connaissez en moi le plus sauvage ;
Par pitié pour mon fils , je lui perçais le cœur.

HENRIETTE.
Juste ciel !

Mad. BÉVERLEI.
Par pitié !... Votre fils ! Quelle horreur !
Barbare ! Et vous osez l'avouer à sa mère ?
(*à Tomi.*)
O mon fils ! mon cher fils !

BÉVERLEI.
Si pour vous satisfaire
Il n'est besoin que de ma mort...

Mad. BÉVERLEI.
A ce discours funeste , à cet excès barbare ,
Cher et cruel époux ! je vois le noir transport
Du désespoir qui vous égare ;

Mais à vous mettre en liberté
Sachez que Leuson se prépare ;
Sachez que Stukéli, ce monstre détesté. .
BÉVERLEI, *à part.*
De mes sens quel tourment s'empare !

SCÈNE VII.

BÉVERLEI, MADAME BÉVERLEI, HENRIETTE, LEUSON, JARVIS, TOMI.

LEUSON.
Béverlei, vos fers sont rompus : .
Par Jame assassiné, Stukéli ne vit plus ;
Un différent entre eux est né sur le partage.
HENRIETTE.
Ce perfide n'est plus ?
LEUSON.
Non. Jame est arrêté...
(à Béverlei.)
Vos effets sont en sûreté,
Cher ami, reprenez courage ;
Tout vous sera rendu,
BÉVERLEI.
Quoi ! ma femme, mon fils...
La misère pourrait n'être pas leur partage,
(à part.)
J'aurais pu... Qu'ai-je fait?... Ciel ! retenons mes cris...
Quels tourmens !
Mad. BÉVERLEI.
Vous souffrez ?
BÉVERLEI.
Ma douleur est cruelle.
LEUSON, *à madame Béverlei.*
Ses traits sont renversés ; une sueur mortelle...
Madame, il faut un prompt secours.
Mad. BÉVERLEI, *à Jarvis.*
Courez, Jarvis.
(Jarvis sort.

SCÈNE VIII.

BÉVERLEI, madame BÉVERLEI, HENRIETTE,
LEUSON , TOMI.

Mad. BÉVERLEI.
O ciel ! sois mon recours !
BÉVERLEI.
Le calme à la douleur succède...
O ma femme !

Mad. BÉVERLEI.
Eh bien ! quoi ? mon ami , mon époux !
BÉVERLEI.
Ne cherchez point à mon mal de remède ;
Il n'en est point.
Mad. BÉVERLEI.
Que dites-vous ?
Il en est, il en est !

BÉVERLEI.
Epouse digne et chère ,
Vous n'avez plus d'époux , mon fils n'a plus de père.
LEUSON.
O malheureux ami ! qu'avez-vous fait ?
HENRIETTE.
Hélas !
Mon frère , avez-vous pu ?...
Mad. BÉVERLEI , *à Béverlei.*
Non , je ne le crois pas !
Cet horrible attentat...
BÉVERLEI.
Tout mon cœur le déteste.
Père dénaturé , citoyen criminel ,
Barbare époux enfin , dans un moment funeste
J'ai violé les lois de la terre et du ciel.
Mad. BÉVERLEI , *en tombant dans les bras de Leuson*
qui la soutient.
Je meurs !

BÉVERLEI.
Voici le moment de paraître
Au redoutable tribunal

De celui qui me donna l'être ;
Tout me dit que je touche à ce terme fatal :
Le calme où je me trouve... une faiblesse extrême...
Mes yeux d'ombres environnés... .
Ma femme ! ah ! dites-moi que vous me pardonnez !

Mad. BÉVERLEI.

Puisse le ciel, hélas ! vous pardonner de même !

BÉVERLEI.

Aidez à le fléchir votre époux expirant.
(*il s'incline, soutenu par madame Béverlei, par Henriette et par Leuson, et il se met dans l'attitude de la prière.*)
Dieu de miséricorde, à tes pieds, en tremblant,
Ta faible créature implore ta clémence :
Ta justice pardonne au cœur qui se repent :
Fais luire à ce coupable un rayon d'espérance !
Tu vois mes remords infinis :
S'ils ne peuvent, grand Dieu ! désarmer ta vengeance,
Ne l'étends pas du moins sur ma femme et mon fils.
(*il retombe sur sa chaise.*)
Mad. BÉVERLEI, *se précipitant à ses pieds.*
Ah ! qu'il prenne ma vie et qu'il sauve la tienne !

BÉVERLEI, *à Leuson.*

Prenez soin d'elle et de ma sœur,
Digne ami, dont si mal j'avais connu le cœur !...
Mon fils !... qu'il s'approche, qu'il vienne...
(*Tomi tombe aux genoux de Béverlei.*)
Mes yeux se remplissent de pleurs.
O mort, qu'en ce moment je ressens tes horreurs !
Vous me perdez, mon fils... Il vous reste une mère...
Qu'elle vous soit toujours et respectable et chère ;
Et si du jeu jamais vous sentez les fureurs,
Souvenez-vous de votre père...
(*à madame Béverlei.*)
Donnez-moi votre main, ma femme... Adieu... je meurs !
(*madame Béverlei s'évanouit.*)

FIN DE BÉVERLEI.

L'ANGLOMANE,

OU

L'ORPHELINE LÉGUÉE,

COMÉDIE

EN UN ACTE ET EN VERS LIBRES,

DE

SAURIN;

Représentée, pour la première fois, en 1772.

PERSONNAGES.

ÉRASTE, anglomane.
DAMIS, amant de Sophie.
LISIMON, ami d'Éraste, et oncle de Damis.
BÉLISE, sœur d'Éraste.
SOPHIE, jeune parente d'Éraste.
FINETTE, suivante de Sophie.
L'OLIVE, valet d'Éraste.
DEUX LAQUAIS d'Éraste.

*La scène est dans un salon de la maison de campagne
d'Éraste.*

L'ANGLOMANE,

OU

L'ORPHELINE LÉGUÉE,

COMÉDIE.

SCÈNE PREMIÈRE.

DAMIS, *en habit à l'anglaise, avec une petite per-*
ruque ronde; FINETTE, *avec un petit chapeaü à*
l'anglaise.

FINETTE.

C'EST vous, monsieur Damis ?

DAMIS.

Chut! Blacmore est mon nom.
De plus, anglais, souviens-t'en.

Bon :
De ce déguisement que faut-il que j'augure ?

DAMIS.

Tu le sauras ; mais par quelle aventure
Te rencontré-je en ce logis ?
Lorsque je quittai ce pays,
Pour faire un tour en Angleterre,
Chez la marquise d'Enneterre,
Tu servais.

FINETTE.

Il est vrai ; mais avec de gros biens,
Prodigue par caprice, avare par nature,
Elle est impérieuse et dure ;
Ne hait que son époux, et n'aime que ses chiens.

Saurin.   18

Que sans cesse pour eux il fût maltraité, passe,
C'est un mari ; mais moi, j'en deviens bientôt lasse.
Un beau jour je quittai madame et ses gredins.
Enfin je sers ici.

DAMIS.

Tant mieux : pour mes desseins
Je t'y trouve à propos. Finette est mon amie,
Et n'a pas oublié que je suis libéral.

FINETTE.

Oh! j'oublîrais mon nom : chez moi c'est maladie.

DAMIS, *lui donnant une bague.*

Ceci t'en guérira : prends.

FINETTE, *considérant la bague.*

La bague est jolie.
(*elle la met à son doigt en faisant la révérence.*)
On ne refuse pas le remède à son mal.
Çà, pour bien m'acquitter, monsieur que faut-il faire ?

DAMIS.

Me mettre au fait d'Éraste et de son caractère ;
Je n'en suis instruit qu'à demi.

FINETTE.

Votre oncle cependant est son meilleur ami.

DAMIS.

S'il faut qu'Éraste à Lisimon ressemble,
C'est un philosophe parfait.
Mais lorsque l'amitié les a liés ensemble,
J'étais absent.

FINETTE.

Votre oncle est un sage en effet,
'(S'il est pourtant permis à quelque homme de l'être.)
Éraste l'est bien moins qu'il ne le veut paraître.
Un trait pourtant lui fait honneur.

DAMIS.

Quel trait ?

FINETTE.

Il suffit seul pour vous peindre son cœur.
Sophie...

DAMIS, *vivement.*

Eh bien ! achève donc : Sophie...

FINETTE.

Oh ! oh ! quel feu ! Je gagerais ma vie...

DAMIS.

Ne gage point, et finis promptement.
Tu disais que Sophie...

FINETTE.

Eut pour père Pyrante,
Ami d'Eraste, et son parent ;
Que d'une fortune brillante
Privé par un maudit procès,
Il soutint, d'une ame constante,
Ce revers, que sa mort suivit pourtant de près.
Sophie était lors en bas âge,
Et son père, pour héritage,
N'avait à lui laisser qu'un fonds très-décrié,
L'amitié d'un parent. Qui s'y serait fié ?

DAMIS.

Tout cœur honnête.

FINETTE.

Eh bien ! Pyrante osa le faire ;
Et par un testament d'espèce singulière...

DAMIS.

Qu'ordonne-t-il ?

FINETTE.

Vous allez voir.
« Ma chère enfant, dit-il, va demeurer sans père ;
» Elle est l'unique bien qui soit en mon pouvoir.
» Du don de la nourrir, élever et pourvoir ,
» Je fais mon ami légataire. »

DAMIS.

Que cet acte est touchant ! il honore à jamais
L'ami capable de le faire ,
Et l'ami digne d'un tel legs.

FINETTE.

Eraste l'accepta sans y mettre de faste :
Un couvent est l'asile où des soins assidus
Ont formé Sophie aux vertus.
Elle comptait seize ans , quand une sœur d'Eraste...

DAMIS.

Quelle est cette sœur ?

FINETTE.

                 Entre nous ,
C'est un composé rare , et qui par fois allie
Un bon sens étonnant à beaucoup de folie :
Veuve , graces au ciel , de son troisième époux ,
Elle vint demeurer au logis de son frère.
Notre orpheline alors quitta son monastère.
        Un an depuis s'est écoulé :
        En sorte que , tout calculé ,
        La pauvre enfant est affligée
        De dix-sept ans , et partagée
        De trésors qui s'en vont croissant
        Chaque jour , et s'embellissant.

DAMIS.

       Ah! Finette , qu'elle est charmante !
Au couvent où Sophie a d'abord demeuré,
       Habite une mienne parente
Qu'y vient voir quelquefois cet objet adoré.

FINETTE.

C'est donc là que Sophie , offerte à votre vue...

DAMIS.

C'est là que pour jamais j'ai fait vœu de l'aimer.

FINETTE.

Comment s'en empêcher ?

DAMIS.

        Sa beauté t'est connue.

FINETTE.

Et je sais que votre âge est prompt à s'enflammer.

DAMIS.

Mais n'avoûras-tu pas qu'un charme inexprimable...

FINETTE.

       Vous l'aimez , monsieur , tout est dit...
Comme sa propre fille Eraste la chérit ;
Et c'est à cet égard un homme incomparable.

DAMIS.

Je le trouve très-respectable.

FINETTE.

C'est-là son beau côté ; mais voyez le revers :
Il s'est fait singulier pour être philosophe :
       C'est la source de cent travers ,

Qui, de tout le public, lui valent l'apostrophe
   Du plus grand fou de l'univers.
   Placé dans la magistrature,
Où l'on vante à bon droit son savoir, sa droiture,
Il faut bien qu'à la ville il en porte l'habit;
Mais dans cette campagne, où d'ordinaire il vit,
On s'habille, on se coiffe et l'on toste à l'anglaise.
(J'estropiai long-temps ce mot encor nouveau.)
A son œil prévenu, sans un petit chapeau,
   Il n'est point de femme qui plaise.

DAMIS.

Je trouve qu'en effet il te sied assez bien;
Mais je crois qu'à Sophie...

FINETTE.

         Oh! sans doute... il n'est rien
   Qui d'Eraste obtienne l'estime,
Si, venu d'Angleterre, il n'en porte le sceau :
   Chez ce peuple tout est sublime,
Et chez nous il n'est rien d'utile ni de beau.

DAMIS.

C'est une nation estimable

FINETTE.

        Sans doute :
Mais exclusivement la vouloir estimer !
Tout admirer chez elle, et chez nous tout blâmer !
Soutenir qu'autre part personne ne voit goutte !

DAMIS.

   C'est fort mal fait : à mon avis,
Tout peuple a ses défauts, et tout peuple a son prix;
Mais à des préjugés s'il faut que l'on se livre,
   Par préférence, un citoyen doit suivre
Ceux qui lui font aimer son prince et son pays.

FINETTE.

Avec mille vertus il a cette manie
   Ne prétend-il pas que Sophie
   Apprenne incessamment l'anglais ?

DAMIS.

Tu vois son maître

FINETTE.

   Vous ?

DAMIS.
> Te voilà bien surprise ?

FINETTE.
Aux belles, je le sais, vous parlez bon français ;
Mais l'anglais ?

DAMIS.
> Je l'ignore.

FINETTE.
> > Eh ! comment donc ?...

DAMIS.
> > > > Sottise !

Enseigner ce qu'on ne sait pas ,
Est-ce chose, dis-moi, si rare dans le monde ?
Que de gens à Paris bien vêtus, gros et gras ,
Dont, sur ce beau secret, la cuisine se fonde !

FINETTE.
Eraste cependant...

DAMIS.
> Des Anglais il fait cas ;
Mais je sais que pour lui leur langue est de l'arabe ,
> Il n'en sait pas une syllabe :
Moi, j'en puis écorcher quelques mots au besoin.
O di dou ; miss, kis mi.

FINETTE.
> Ce mot a de quoi plaire.

DAMIS, *voulant l'embrasser.*
Il faut te l'expliquer.

FINETTE.
> Epargnez-vous ce soin.

DAMIS.
> Je suis muni d'une grammaire :
> Londres fut un temps mon séjour ;
Et puis j'aurai pour moi la Fortune et l'Amour.

FINETTE.
L'Amour ! vraiment Eraste en condamne l'usage :
Avec ce regard tendre et ce joli visage ,
> (Jugez combien cet homme est fou !)
De sa jeune pupille il prétend faire un sage,
> Qui renonçant au mariage ,
> Dans sa retraite de hibou ,

Perdre à philosopher le plus beau de son âge,
Et prenne, au lieu d'amour, de l'ennui tout son soû.

DAMIS.

Il faut m'aider à rompre un projet si blâmable.

FINETTE.

Mais Sophie, à vos vœux, est-elle favorable?

DAMIS.

Mon amour n'a point éclaté :
Mes regards seuls ont déclaré ma flamme ;
Je croirais cependant avoir touché son ame,
Si ses yeux ne m'ont pas flatté.

FINETTE.

De son cœur ils sont la peinture :
La naïve Sophie, en sa simplicité,
Est une glace encor pure
Qui réfléchit la nature
Dans toute sa vérité.

DAMIS.

Mais j'ai pu me tromper moi-même ;
Sophie ignore encor à quel excès je l'aime ;
Et cet amour fait tout mon prix.

FINETTE.

Si modeste à vingt ans, tandis qu'en cheveux gris,
Il est tant de fats honoraires !
Vous êtes un phénix, et l'on ne voit plus guères
Mais Eraste s'avance : adieu.
Il est très-important de prévenir Sophie.
Je m'en charge.

DAMIS.

A tes soins mon amour se confie.
*(dans cette scène et dans toutes celles où paraît
Eraste, Damis contrefait un peu l'accent anglais.)*

SCÈNE II.

DAMIS; ÉRASTE, *vêtu à l'anglaise.*

ÉRASTE.

PARDONNEZ-MOI, si, dans ce lieu,
Je me suis un peu fait attendre :

Avec mes ouvriers j'étais dans mon jardin,
Où, par un changement qui doit peu vous surprendre,
Suivant l'usage anglais, j'ai voulu, ce matin,
Qu'on fît, d'un grand parterre, un petit boulingrin;
J'y veux avoir de tout : des vallons, des collines,
Des prés, une plaine, des bois,
Une mosquée, un pont chinois,
Une rivière, des ruines...

DAMIS.

Vous avez donc, monsieur, une immense terrain ?

ÉRASTE.

Moi, point : trois arpens dont Le Nôtre
A jadis tracé le dessin.
On vante sa façon, je préfère la vôtre.

DAMIS.

Je vois que vous avez du goût.

ÉRASTE.

Si je ne puis en grand imiter la nature,
D'un parc anglais, du moins, j'aurai la mignature.
Ma foi, vous nous passez en tout,
Même dans les beaux arts : Hogard dans la peinture,
Hindel dans la musique...

DAMIS.

Hindel est Allemand.
Prenez garde, monsieur.

ÉRASTE
L'est il?

DAMIS.

Assurément.

ÉRASTE.

Laissons cela, monsieur. Qu'est-ce qui me procure
L'honneur?...

DAMIS.

Premièrement, la curiosité :
La France, dans son sein, n'a point de rareté
Qui doive, plus que vous, attirer la visite
D'un étranger, curieux de mérite.

ÉRASTE.

On m'accuse, monsieur, de singularité,
Et vous m'en trouverez, peut-être ;

Mais en voyant ce que les hommes font,
Je m'applaudis que le ciel m'ait fait naître
Si différent de ce qu'ils sont.

DAMIS.

Permis à vous, monsieur, de l'être.
A Londres chacun prend la forme qui lui plaît,
On n'y surprend personne en étant ce qu'on est :
Quant à moi, je suis ce Blacmore,
Dont on vous a parlé pour enseigner l'anglais.

ÉRASTE.

De vous Dorante hier m'entretenait encore,
Il m'en faisait vraiment un grand éloge ; mais
A votre physionomie,
Beaucoup plus qu'à lui je m'en fie :
On se peint dans ses traits comme dans un miroir :
Locke l'a dit.

DAMIS.

Je crois...

ÉRASTE.

Par exemple, à vous voir,
Vous êtes un penseur...

DAMIS.

Oh ! monsieur...

ÉRASTE.

Je parie
Que sur vous le beau sexe a fort peu de pouvoir,
Que l'amour, à vos yeux, n'est rien qu'une folie.
Hem ! suis-je pénétrant ? et n'admirez-vous pas ?...

DAMIS.

Jamais je n'admire.

ÉRASTE.

En tout cas,
Si votre esprit jamais n'admire,
Il trouvera chez nous ample matière à rire.

DAMIS.

Jamais je ne ris.

ÉRASTE, *à part.*

Oh ! cet homme est bien Anglais,
Bien bon.

Saurin. 19

DAMIS.

On rit de tout chez les Français ;
Sachez, monsieur, qu'en Angleterre,
On se pend quelquefois, mais qu'on n'y rit jamais.

ÉRASTE.

Ah ! si dans ce pays j'avais un coin de terre !

SCÈNE III.

SOPHIE, BÉLISE, ÉRASTE, DAMIS, FINETTE.

ÉRASTE, *en présentant Damis.*

Sophie, approchez-vous, voilà le précepteur...
De l'embarras ! de la rougeur !

SOPHIE, *à part.*

Finette en vain m'a prévenue,
Je ne puis...

BÉLISE, *à Sophie.*

Pourquoi donc baisser ainsi la vue ?
Ce maître-là ne fait pas peur ;
Et monsieur est fait de manière
A trouver plus d'une écolière.

ÉRASTE.

Eh bien ! ma sœur, vous n'en vaudrez que mieux.
Etudiez la langue anglaise,
Il peut fort bien montrer à deux.

BÉLISE.

Moi, de l'anglais ? à Dieu ne plaise !

DAMIS, *bas, à Sophie.*

Si vous me découvrez, vous me donnez la mort.
(*pendant cette scène, on a apporté la table à thé,*
sur laquelle Finette a tout arrangé.)

ÉRASTE, *à Damis.*

A l'anglaise, de bon accord,
Ici le déjeûner le matin nous rassemble :
Ma pupille verse le thé.
Asseyons-nous.

ÉRASTE, *à Sophie.*

La main vous tremble.

SCÈNE III.

BÉLISE.
Vous n'avez point votre gaîté.

SOPHIE.
Depuis un temps je l'ai perdue.

BÉLISE.
Comment?

SOPHIE.
Je ne sais pas comme elle était venue,
Je ne sais pas comment elle a pu me quitter.

DAMIS.
Peut-être qu'en ce lieu ma présence vous gêne.

SOPHIE.
Oh! vous n'en pouvez pas douter.

ÉRASTE.
De ce discours naïf n'ayez aucune peine ;
Elle n'a vécu qu'avec nous.
Quand elle aura reçu quelques leçons de vous,
Elle sera plus à son aise.
Allons, près de monsieur, avancez votre chaise ;
Pourquoi vous tenez-vous si loin ?

SOPHIE.
Mais, monsieur, il n'est pas besoin...

DAMIS.
Mademoiselle en est au élémens, j'espère,
Et tant mieux, c'est ainsi que j'aime une écolière ;
Moins elle sait, et plus je m'y donne de soin.

SCÈNE IV.

SOPHIE, BÉLISE, ÉRASTE, DAMIS, FINETTE, LOLIVE.

LOLIVE, *donnant une lettre à Eraste.*
Une lettre de Londres.

(il sort.)

ÉRASTE, *à Damis.*
Ouvrons... Tenez, mon maître,
C'est de l'anglais ; lisez : ce que j'y puis connaître,
C'est qu'elle est de Cobbam.

DAMIS, *embarrassé.*
Fort bien.

ÉRASTE.

                  Le bon milord,

Blessé que notre langue étende son empire,
Possède le français et ne veut pas l'écrire.

DAMIS.

Il a tort... Ce Cobbam est votre ami?

ÉRASTE.

                Très-fort.

DAMIS.

Cette lettre contient quelque secret, peut-être.

ÉRASTE.

Non, un de ses enfans se devait marier;
Sans doute ce billet m'en apprend la nouvelle.

DAMIS.

Je crains...

ÉRASTE.

    C'est mon affaire.

DAMIS.

          On ne peut le nier.

Cependant...

ÉRASTE.

   Lisez donc.

DAMIS, *à part.*

         Je l'échapperai belle

Si je puis... Essayons.
     (*il fait semblant de lire.*)
  « Je vous fais part, mon cher ami, du mariage de
» ma fille. »

ÉRASTE.

   Sa fille! il n'en a pas.

DAMIS.

N'ai-je pas dit son fils?

ÉRASTE.

   Non.

DAMIS.

         Ma bouche, en ce cas,

S'est méprise... *Mon fils*, voilà le mot, *briquen.*

ÉRASTE.

                De grace

Continuez.

DAMIS.

« Je vous fais part, mon cher ami, du mariage de
» mon fils, qui s'est fait à ma grande satisfaction... »

ÉRASTE.

La chose a bien changé de face :
Ce mariage-là n'était point de son goût.

DAMIS.

Il vous le dit : tenez, écoutez jusqu'au bout.

» Je n'ai pas toujours pensé de même; vous saurez
» les raisons qui m'ont fait changer de sentiment : je ne
» vous écris qu'un mot, mais je vous dirai les détails
» à Paris, où je compte, dans peu, avoir le plaisir de
» vous embrasser. »

ÉRASTE.

Il n'est donc plus si fort tourmenté de sa goutte.
Bien agréablement je me trouve surpris,
Je l'ai cru hors d'état d'entreprendre une route.

DAMIS.

La satisfaction... Ce mariage... Un fils...

ÉRASTE.

Je serai bien charmé de le voir à Paris,
          Ce n'est pas un esprit frivole
          Que celui-là : sur ma parole,
          Peu de gens seront de son goût.
          Avons-nous des hommes en France?
          Des colifichets, et c'est tout.
Les précepteurs du monde à Londre ont pris naissance :
          C'est d'eux qu'il faut prendre leçon.
          Aussi je meurs d'impatience
          D'y voyager. De par Newton
Je le verrai, ce pays où l'on pense.

BÉLISE.

          Mon frère, on pense en tout pays :
Celui-là, selon vous, l'emporte sur le nôtre.
          Mais voyez-le, et je vous prédis
Que vous en reviendrez meilleur juge du vôtre.

SCÈNE V.

SOPHIE, BÉLISE, ÉRASTE, DAMIS, FINETTE, LOLIVE.

ÉRASTE.

Que veut Lolive encor?

LOLIVE.

Monsieur,
C'est que dans ce moment, un cheval vous arrive,
Dont l'allure brillante et vive...

ÉRASTE.

Il faut le voir : c'est un coureur
Que j'ai fait venir d'Angleterre,
Et qui, dans Neumarket, gagna plus d'un pari.

BÉLISE.

Oh ! bien, je fais, mon frère, une gageure ici.

ÉRASTE.

Quoi donc ?

BÉLISE.

Qu'il étendra notre sage par terre ;
Qu'à la philosophie il cassera le cou.

ÉRASTE.

Votre amitié, ma sœur, mal à propos s'effraie.

BÉLISE.

Je dis que vous êtes un fou.
Il vous faut un cheval comme au père Canaye,
Un doux et paisible animal,
Qui, plus que son maître, soit sage,
Et qui ne songe point à mal,
Tandis que votre esprit dans la lune voyage.

ÉRASTE.

Venez toujours voir celui-ci.

BÉLISE.

Trouvez bon que je reste ici :
Tout ce que produit l'Angleterre,
Vous l'admirez : moi, de ce pays-là
Tout me déplaît; charbon de terre,
Philosophes, chevaux.

DAMIS.
Préjugés que cela,
Madame.

BÉLISE.
Oh! quant à vous, monsieur Blacmore, passe.
Malgré votre pays... on peut vous faire grace.

SCÈNE VI.

BÉLISE, FINETTE.

BÉLISE, *suivant des yeux Damis.*
SAIS-TU bien qu'il est fait au tour,
Finette? Dans son air, cet Anglais est unique.
FINETTE.
Si bien que, dans ces lieux s'il fait quelque séjour,
Voilà pour vos vapeurs un fort bon spécifique.
BÉLISE.
Oh! Finette, déjà j'en avais un tout prêt.
FINETTE.
Un tout prêt! comment donc! Je vous en loue, et c'est?
BÉLISE.
Un mari... Qui t'étonne? Est-ce donc qu'à mon âge
On ne peut pas encor songer au mariage?
Ne puis-je décemment brûler d'un chaste feu?
FINETTE.
Déjà veuve trois fois, c'est avoir du courage;
        Vous êtes heureuse à ce jeu;
    Mais...
BÉLISE.
        De mon choix tu loûras la sagesse.
FINETTE.
Jeune?
BÉLISE.
        Et sans ressembler à nos marquis brillans,
        Qui n'ont déjà plus, à trente ans,
        Que les travers de la jeunesse.
FINETTE.
De l'esprit?
BÉLISE.
        Ce n'est pas précisément son lot;

Mais je n'ai pas besoin qu'il fasse d'épigramme :
    Quand un époux aime sa femme,
Et l'aime bien , ce n'est jamais un sot.

FINETTE.

    On ne peut mieux penser, madame,
    Ni plus sagement se pourvoir.
D'un autre œil, cependant , la chose se peut voir ,
    Et je crains qu'Eraste ne blâme...

BÉLISE.

    Il approuvera mon projet.
Il faut qu'il file doux... J'ai surpris son secret.

FINETTE.

Quoi donc ?

BÉLISE.

    Notre prétendu sage...
  (Je te croyais de meilleurs yeux.)
    Tous ses discours fastidieux ,
Contre l'amour...

FINETTE.

    Eh bien ?

BÉLISE.

        Vain étalage ,
Système de l'esprit, démenti par le cœur ;
Le sien brûle en secret ; Sophie est son vainqueur.

FINETTE.

Vous croyez , madame, qu'il aime...

BÉLISE.

Oh ! j'en suis sûre.

FINETTE.

Chut ! madame ; c'est lui-même,

SCÈNE VII.

BÉLISE, ÉRASTE, FINETTE.

BÉLISE.

Mon frère , vous boitez ?

ÉRASTE.

  Moi ? non.

BÉLISE.

        La chose est sûre,

Vous boitez, vous dis-je.

ÉRASTE.

Oh ! fort peu.

BÉLISE.

Je vois que j'avais fait une bonne gageure.

ÉRASTE.

Ce n'est rien.

BÉLISE.

Le coureur aura joué son jeu.

ÉRASTE.

Une gaîté.

BÉLISE.

Je crains...

ÉRASTE.

Ma sœur, je vous en prie,
Laissons cela ; je veux vous parler de Sophie.
Je m'aperçois que, depuis quelque temps,
Elle n'a plus cette aimable folie,
Partage heureux de l'âge en son printemps,
Lorsque ignorant encor et le monde et les choses,
Dans le champ de la vie, on ne voit que des roses.
Finette, qu'en dis-tu ?

FINETTE.

Mais, monsieur, entre nous,
Je dis qu'il n'en faut pas chercher bien loin les causes.

ÉRASTE.

Comment ?

BÉLISE.

Vous avez fait un projet des plus fous ;
Mais la nature est plus forte que vous :
Vous ne la rendrez pas muette.
Je me trompe, ou déjà Sophie éprouve en soi
Cette agitation secrète
D'une ame qui se sent sourdement inquiète,
Sans bien savoir encor pourquoi.

FINETTE, *à Eraste.*

Il faudrait à Sophie autre chose qu'un livre.
A son âge, monsieur, le cœur a ses besoins.
Un époux, par ses tendres soins,
Fait sentir qu'il est doux de vivre.

ÉRASTE.

De quoi parles-tu là ? D'un être de raison :
Est-ce donc pour s'aimer que l'on s'épouse ? Bon !
On veut perpétuer sa race,
On veut tenir un grand état,
L'avarice et l'orgueil président au contrat ;
Mais bientôt, lit à part, table où l'ennui se place,
Ecarts des deux côtés, souvent fâcheux éclat,
Font voir que le bonheur n'est pas dans l'opulence ;
Qu'en l'irritant sans cesse, on éteint le désir,
Et que souvent le riche a tout en abondance,
Hors l'innocence et le plaisir.

BÉLISE.

Mais croyez-vous, mon frère, que Sophie
Puisse avec vous demeurer décemment,
Quand je n'y serai plus ?

ÉRASTE.

Comment !
Vous voulez me quitter ?

BÉLISE.

Mais... je me remarie.

ÉRASTE.

Ma sœur, c'est une raillerie.

BÉLISE.

Raillerie est fort bon !.. Oh ! c'est un fait certain :
Demandez à Finette.

ÉRASTE.

Entre nous, je vous prie,
Vous avez fait mourir trois maris de chagrin ;
Et n'êtes pas contente ?

FINETTE.

On n'en saurait rabattre ;
Nous avons fait le vœu d'en expédier quatre.

BÉLISE.

Je n'aime pas vos libertés,
Finette : laissez-nous, sortez.

SCÈNE VIII.

BÉLISE, ÉRASTE.

ÉRASTE.

A vos dépens, au moins, elle a sujet de rire :
Vous êtes folle, il faut le dire ;
Et vous allez sur vous attirer les railleurs.

BÉLISE.

Je vous dirai, mon frère, en termes plus honnêtes,
Qu'un sage, puisqu'enfin, pour nos péchés, vous l'êtes,
N'est bon qu'à donner des vapeurs ;
Que dans votre logis l'ennui par trop abonde,
Que depuis un an je m'en meurs :
Un mari, du moins, on le gronde ;
C'est un amusement.

ÉRASTE.

Je vous croyais pour moi
Plus d'amitié, ma sœur.

BÉLISE.

Eh! mais, en bonne foi,
J'en ai beaucoup. Chez vous, mon frère,
Le cœur est excellent : quant à l'esprit...

ÉRASTE.

Eh bien?

BÉLISE.

Souffrez que je n'en dise rien :
Vous voulez que l'on soit sincère,
Je pourrais l'être trop.

ÉRASTE.

Enfin, vous me quittez ;
Et d'un nouvel époux...

BÉLISE.

C'est chose décidée.
Mais il me vient, pour vous, une excellente idée.

ÉRASTE.

Pour moi ?

BÉLISE.

Pour vous-même : écoutez.
A l'aimable Sophie, à vous, je m'intéresse ;

Epousez-la.

ÉRASTE.

Vous plaisantez.

(à part.)

Connaîtrait-elle ma faiblesse ?

BÉLISE, *d'un air malin.*

Sophie a des appas.

ÉRASTE, *d'un air embarrassé.*

Son ame a des beautés.

BÉLISE.

Oh ! oui : deux grands yeux pleins de flamme
Embellissent beaucoup une ame...
Mon frère, parlons sans détour,
Plus d'un sage s'est pris aux pièges de l'amour.
Tandis que contre lui vous préveniez Sophie,
Le drôle, en tapinois, à la philosophie
N'aurait-il pas joué d'un tour ?

ÉRASTE.

(à part.)   (haut.)
Il est trop vrai... Ma sœur, vous êtes femme,
Vous voyez de l'amour partout.

BÉLISE.

Mon frère, contre lui tel hautement déclame
Dont il pousse le cœur secrètement à bout.

ÉRASTE.

Eh ! mais...

BÉLISE.

Riche, et d'un sang dont l'origine est pure,
Votre septième lustre à peine est révolu...

ÉRASTE.

Il est vrai que, sortant de la magistrature,
Ainsi que je l'ai résolu...

BÉLISE.

Quant à ce dernier point, il ne saurait me plaire ;
Mais ce projet encor n'est formé qu'à demi,
Et vous m'avez promis expressément, mon frère,
Que vous consulteriez Lisimon, votre ami.

ÉRASTE.

Je l'attends ce jour même, et vous tiendrai parole ;
Mais de ses sentimens je suis très-asuré.

A l'amour des beaux-arts, à l'étude livré,
Pour l'Hélicon, lui-même a quitté le Pactole.

BÉLISE.

Sa sagesse me plaît, elle n'a rien d'outré.
Quant à notre orpheline... Oh! je la vois paraître.

ÉRASTE.

Elle semble rêver.

BÉLISE.

Vous voilà tout ému.
Comme amant faites-vous connaître.
Dévoilez votre cœur à son cœur ingénu.
Tâchez de dérider ce front triste et sévère;
C'est un enfant qui n'a rien vu.
Que sait-on? Vous pourrez lui plaire.

SCÈNE IX.

ÉRASTE, SOPHIE.

SOPHIE, *rêvant.*

RIEN n'est égal au trouble de mon cœur :
Éraste a bien raison : le tourment de la vie,
C'est d'aimer...

ÉRASTE, *à part.*

Comment puis-je, avec quelque pudeur,
Lui chanter la palinodie ?
(*haut.*)
A quoi rêvez-vous donc, Sophie,
En vous parlant ainsi tout haut?

SOPHIE, *à part.*

O ciel! me serais-je trahie ?
(*haut.*)
A rien, monsieur, ou peu s'en faut.
Je laissais ma pensée errer à l'aventure.

ÉRASTE, *à part.*

Que lui dirai-je ? Oh! que l'amour
Fait faire une sotte figure !
Je veux parler, et n'ose.

SOPHIE.

A votre tour.

Vous rêvez, monsieur.

ÉRASTE.

Ah ! Sophie...

Vous voyez contre vous un homme bien fâché.

SOPHIE.

Contre moi !

ÉRASTE , *à part.*

Je n'ai de ma vie.

Senti trouble pareil.

SOPHIE.

Qu'avez-vous ?

ÉRASTE.

Ce que j'ai !

De l'amour.

SOPHIE.

De l'amour !

ÉRASTE.

Pour la philosophie.

Gardez-vous de penser qu'un cœur tel que le mien...

SOPHIE.

Vous n'aimez qu'elle, on le sait bien ;
Vous méprisez fort ceux qu'un autre amour engage.

ÉRASTE.

(*à part.*)

Mépriser , c'est beaucoup. J'enrage.

SOPHIE.

Eraste , je n'y conçois rien ;
Mon étonnement est extrême :
Votre air et votre ton... Vous n'êtes pas le même.
Vous aurais-je déplu, monsieur , sans le savoir ?

ÉRASTE.

Eh ! morbleu... de déplaire avez-vous le pouvoir ?
Mais puisqu'un sage , enfin , n'est marbre ni statue...

SOPHIE,

Daignez poursuivre.

ÉRASTE.

Non.

SOPHIE.

Je reste confondue :
Quoi donc ! un philosophe , au trouble , aux passions,

Serait-il sujet comme un autre ?
Mais s'il me souvient bien de vos expressions,
L'ame d'un sage (et c'est la vôtre)
Plane loin de la terre , et ressemble à ces monts
Dont un ciel libre et pur environne la tête ,
Tandis qu'à leur pied la tempête
Obscurcit les tristes vallons.
Voilà, plus d'une fois , ce que m'ont fait entendre
Vos sublimes comparaisons.

ÉRASTE.

Je vous marquais le but où le sage doit tendre ;
Mais vous me faites trop sentir
Combien tout homme est loin de pouvoir y prétendre.

SOPHIE.

(à part.)   (haut.)
Il connaît ma faiblesse... Eraste !

ÉRASTE , à part.

Il faut sortir.
Je ne puis me résoudre à m'expliquer moi-même ,

(haut)

J'aurais trop à rougir... Adieu.

SCÈNE X.

SOPHIE , seule.

A la brusque façon dont il quitte ce lieu ,
Dans le fond de mon cœur il aura lu que j'aime ,
Que j'ai trahi les soins qu'il prit de me former...
Mais aussi , vivre sans aimer !
Si c'est là le bonheur, c'est un bonheur bien triste.
N'importe, il faut me vaincre... oui... mon cœur y résiste.
Mais...

SCÈNE XI.

SOPHIE, FINETTE; DAMIS , derrière, et ne se
montrant pas.

FINETTE.
Damis avec vous désire un entretien.

SOPHIE.

Je l'ai trop écouté.

FINETTE.

Cependant il insiste,

Et vous cherche.

SOPHIE.

Oh bien ! moi, je n'écoute plus rien,
Annoncez-lui que, s'il persiste
A rester en ce lieu, contre ma volonté,
On saura sa témérité.
Je veux qu'il s'éloigne sur l'heure :
Je deviens sa complice en le souffrant ici.

DAMIS, *se jetant à ses pieds.*

Dites que vous voulez qu'il meure.

SOPHIE.

Quoi ! vous me surprenez ainsi !
Et ne voilà-t-il pas, Damis, qu'à votre vue,
Malgré moi, mon ame est émue,
Et que je ne sais plus déjà
Ce que mon propre cœur désire...
Oh ! levez-vous : tenez, cette attitude-là
Vous donne sur moi trop d'empire :
Vous me feriez d'Eraste oublier les leçons.

DAMIS.

Voulez-vous préférer de folles visions
Aux tendres sentimens d'un cœur qui vous adore ?
Eraste est un extravagant.

SOPHIE.

Parlez mieux, s'il vous plaît, d'un homme que j'honore :
Je garde à ses bontés un cœur reconnaissant ;
Et sachant à quel point je lui suis redevable,
Vous m'outragez, en l'offensant ;
Il m'est cher, il m'est respectable.

DAMIS.

Pardonnez si l'amour...

SOPHIE.

Contre mon bienfaiteur
Je ne puis souffrir qu'il éclate :
Il perd tout pouvoir sur mon cœur,
Quand vous me voulez rendre ingrate.

DAMIS.

Ces sentimens vous font honneur ,
Sophie ; et je me prête à leur délicatesse :
    Je ne dirai rien qui la blesse.
Qu'Eraste soit un sage, il le veut , j'y consens :
De son cœur je connais, j'admire la noblesse ;
    Mais que dans la fleur de vos ans
Il veuille qu'à l'étude uniquement livrée,
    Votre ame interdise l'entrée
    A l'amour, ce sentiment doux,
Et j'ose dire encor le plus noble de tous ,
    Lorsque sa flamme est épurée :
    C'est une façon de penser
    Qu'on peut , je crois, sans l'offenser ,
Appeler , tout au moins , chimérique et cruelle.
    Mais c'est à vous que j'en appelle ,
A votre propre cœur, qui prompt à démentir
D'un système si vain la bizarre imposture,
Vous dit de préférer le bonheur de sentir
A l'orgueil insensé de dompter la nature.

SOPHIE.

Je l'avoûrai, Damis , si j'en croyais mon cœur...

DAMIS.

    Vous parle-t-il en ma faveur ?
J'ai voulu m'assurer du bonheur de vous plaire ,
Avant de faire agir mon oncle Lisimon.
    Votre tuteur le considère ,
    Il est son oracle , dit-on.
Puisqu'à mes vœux , enfin , vous n'êtes pas contraire...

SOPHIE.

Je voudrais l'être.

    DAMIS, *en la regardant tendrement.*
        O ciel ! vous le voudriez ?
    SOPHIE, *le regardant tendrement.*

                        Non.

DAMIS.

Pourquoi donc , charmante Sophie ?

SOPHIE.

A vos discours, Damis, je crains de m'arrêter ,
Les amans sont flatteurs , il faut qu'on s'en défie.

Saurin.   20

Eraste me l'a dit.

DAMIS.

Eh ! peut-on vous flatter ?
Avez-vous un regard, un souris qui ne touche ?
Sort-il un mot de votre bouche,
Qui n'aille de l'oreille au cœur ?
Le son de votre voix n'est-il pas enchanteur ?
Quelle autre a, comme vous, cette grace naïve,
Plus rare encor que la beauté,
Et qui, mieux qu'elle, nous captive ?...
Vous flatter !

SCÈNE XII.

SOPHIE, FINETTE, DAMIS, ÉRASTE, *au fond
du théâtre.*

FINETTE, *à Damis.*
PRENEZ garde : on vient de ce côté.
Eraste... Il pourrait vous entendre.
DAMIS, *bas.*
(*haut, avec l'accent anglais.*)
Laissez-moi faire. Eh bien ! jugez par cet essai,
Si nos auteurs n'ont pas cette expression tendre...
(*à Eraste qui s'est avancé.*)
Je lui disais, monsieur, un beau morceau d'Othonas ;
Mademoiselle s'imagine
Qu'il n'a rien d'égal à Racine.
ÉRASTE.

Oh !
SOPHIE, *à Damis.*
Mais exprime-t-il un sentiment bien vrai ?
Je crains...
DAMIS.
C'est la nature même ;
Mon auteur ne feint point, son art est de sentir.
ÉRASTE.
Celui de vos auteurs, qu'avant tout autre j'aime,
C'est Shakspear.

DAMIS.

Nous prononçons Chespir.

ÉRASTE.

Chespir soit ; mais en tout j'admire sa manière :
J'aime des fossoyeurs qui , dans un cimetière ,
Moralisent gaîment sur des têtes de morts :
Nous n'avons rien chez nous de si philosophique.
Nos esprits , pour cela , ne sont pas assez forts...
Othouai , dit-on , est pathétique ;
Et je voudrais entendre ce morceau...

DAMIS.

Oui , mais...

ÉRASTE.

Quoi donc ?

DAMIS.

Serait-il beau
Qu'un sage , en matière pareille...
C'est de l'amour... L'amour offense votre oreille.

ÉRASTE.

C'est de l'amour anglais : je saurai me prêter.
Voyons.

DAMIS.

Il faut vous contenter.

ÉRASTE.

A quoi rêvez-vous donc ?

DAMIS.

Je cherche à vous bien rendre
Ce que l'auteur fait dire à l'amant le plus tendre :
« Abjurez une triste erreur.
» Le ciel à l'humaine nature
» Donna la beauté pour parure ,
» Et l'amour pour consolateur.
» Dans le calice de la vie,
» C'est une goutte d'ambroisie ,
» Qu'y versa la bonté des cieux.
» On vous a peint l'amour de crayons odieux ;
» Voyez-le tel qu'il est... Il s'est peint dans mes yeux.
» Ils vous disent : je vous adore ,
» Mon cœur vous le dit encor mieux. »

ÉRASTE

Savez-vous bien, monsieur Blancmore,
Que vous seriez comédien parfait?
Ma foi si je n'étais au fait,
Je croirais voir en vous un amant véritable.

DAMIS.

Fi donc!... et le morceau?

ÉRASTE.

           Charmant : nos traducteurs
M'ont fait un peu connaître vos auteurs.
Les nôtres n'ont plus rien qui me soit supportable.
Avons-nous un poëte à Pope comparable?
Depuis qu'il a prouvé qu'ici bas tout est bien,
Je verrais tout aller au diable,
Que je croirais qu'il n'en est rien.
(à Sophie.)
Incessamment vous pourrez lire,
En original, cet auteur.
Sentez-vous bien votre bonheur?
(à Damis.)
Oh! çà, monsieur, daignez me dire,
Lui trouvez-vous des dispositions?
Sera-t-elle bientôt habile?

DAMIS.

Il le faut espérer, pourvu qu'à mes leçons
Mademoiselle soit docile.

ÉRASTE.

Comptez là-dessus, j'en réponds.
(Sophie et Finette rient.)
Finette et vous, pourquoi donc rire?
De ce que je promets, n'êtes-vous pas d'accord?

SOPHIE.

Eh! mais...

ÉRASTE.

Vous me fâcheriez fort
Si vous ne faisiez pas ce que monsieur désire.

FINETTE.

Oh! c'est bien notre intention.

ÉRASTE.

Eh bien! vous nous quittez, Sophie?

SCÈNE XII.

SOPHIE.

Oui, je vais au jardin.

(elle sort avec Finette.)

ÉRASTE, *à Damis.*

Faites-leur compagnie.
Tout en se promenant elle prendra leçon...
Si cependant cela vous contrarie,
Vous pourriez préférer mon entretien.

DAMIS.

Oui; mais
Le devoir avant tout, et le plaisir après.

SCÈNE XIII.

ÉRASTE, *seul.*

CE maître me plaît fort : j'admire ses lumières :
Qu'à son âge on trouve un Français
Egalement versé dans toutes les matières,
Ma pupille, avec lui, fera de grands progrès...
Mais toujours ma pupille... ô ciel, quelle est ma honte,
Sophie, un enfant me surmonte :
D'où naît donc son pouvoir sur moi?
Eh bien! des yeux, un teint... est-ce donc là de quoi
Renverser la tête du sage?
Qu'est-ce que la beauté? Rien qu'un vain assemblage
De traits et de couleurs... C'est fort bien raisonner.
D'où vient donc que je sens le contraire? J'enrage,
Et ne puis me le pardonner.
Sophie... Elle est là... J'ai beau faire...
Epousons-la, prenons une moitié...
Newton ne s'est pas marié :
On me regardera comme un homme ordinaire...
N'entends-je pas une voiture? oui.
Ce sera Lisimon : je l'attends aujourd'hui :
Et je prétends sur cette affaire...
Je ne me trompais pas : c'est lui.

SCÈNE XIV.

ÉRASTE, LISIMON.

ÉRASTE.

Ah ! mon cher Lisimon, que dans cet ermitage
Il m'est doux de vous recevoir !
Que j'aurai de plaisir à posséder un sage !

LISIMON.

Je suis, de mon côté, charmé de vous y voir,
Mais que d'un autre nom votre bouche me nomme :
Ce titre est trop peu fait pour l'homme :
Le moins sage est celui qui croit l'être le plus.

ÉRASTE.

Mais ceux qui savent vous connaître...

LISIMON.

Eraste, brisons là-dessus.
Vous savez qu'un des points entre nous convenus,
C'est de ne point flatter.

ÉRASTE.

Eh bien donc ! mon cher maître
Je veux vous faire part d'un parti que je prends.

LISIMON.

Je vous parlerai vrai.

ÉRASTE.

C'est à quoi je m'attends :
Vous êtes philosophe, et m'apprîtes à l'être.

LISIMON.

La chose est aujourd'hui plus rare que le mot.
C'est un nom que chacun s'arroge :
Aussi c'était jadis éloge ;
C'est injure à présent.

ÉRASTE.

Dans la bouche d'un sot.

LISIMON.

Il est vrai : mais mon cher Eraste,
Savez-vous ce que c'est qu'un philosophe ?

ÉRASTE.

Quoi ?...

LISIMON.

Vous croyez le savoir... Si je vous disais , moi ,
Que vous-même souvent en offrez le contraste.
Le philosophe fuit la singularité :
Il n'est jamais rien avec faste ;
Même en le condamnant il suit l'ordre arrêté ;
Et , sans se distinguer , vêtu suivant l'usage ,
Croit la seule vertu l'uniforme du sage.

ÉRASTE.

Mais...

LISIMON.

S'il combat le vice et s'oppose à l'erreur ,
Ses leçons aux humains ne sont point des outrages :
Simple en ses actions, modeste en ses ouvrages ,
Il instruit sans orgueil, et blâme sans aigreur.
Voyez si ce portrait, Eraste , vous ressemble.

ÉRASTE.

Mais si je puis , monsieur , dire ce qui m'en semble ,
Pour fuir l'air prétendu de singularité ,
Faut-il suivre en aveugle un vulgaire hébété ?
Doit-on , à votre avis , respectant les usages ,
Agir comme les fous , pensant comme les sages ?
Est-ce ma faute , à moi , si je suis singulier?
Je suis comme on doit être.

LISIMON.

On ne saurait nier
Qu'il est des cas...

ÉRASTE.

Eh bien ! malgré cette apostrophe ,
Vous conviendrez pourtant que je suis philosophe :
Je vais quitter ma charge.

LISIMON.

Ah ! que dites-vous là ?
Qui peut donc , s'il vous plaît , vous forcer à cela ?

ÉRASTE.

Je prétends , dans ma solitude ,
Ami de la sagesse et de la vérité ,
En faire mon unique étude.

LISIMON.

Eraste , ce projet n'est pas bien médité :

Vous aurez de la peine à trouver des excuses,
ÉRASTE.

Eh quoi! n'avez-vous pas quitté
Le palais de Plutus pour le temple des Muses?
Je comptais, Lisimon, que vous m'approuveriez.
LISIMON.

Le cas est différent. J'ai pu fouler aux pieds
L'intérêt, ce vil dieu qu'aujourd'hui l'on adore;
Mais vous, qui, juge intègre et sage magistrat,
Tenez près de Thémis un rang qui vous honore,
Votre premier devoir est de servir l'état.
ÉRASTE.

Eclairer son pays, c'est le servir.
LISIMON.

Sans doute;
Mais peu de gens sont faits pour suivre cette route.
Pour l'instinct du génie on prend sa vanité,
Et, quand il n'est pas sûr qu'on soit de cette étoffe,
Quitter un poste utile à la société,
C'est être déserteur et non pas philosophe.
ÉRASTE.

Mais...
LISIMON.

Quitter votre charge! ah! c'est un dernier trait
Contre lequel il faut qu'ouvertement j'éclate :
Qu'un autre applaudisse et vous flatte;
Mais moi, je vous le dis tout net,
Renoncez à votre projet,
Ou je romps, dès ce jour, avec vous tout commerce.
A la philosophie on impute vos torts.
ÉRASTE.

Est-ce ma faute, à moi, s'il n'est point de butors
Dont la plume aujourd'hui contre elle ne s'exerce?
LISIMON

Oui, c'est par vos pareils, par vous (je le maintiens),
Que la philosophie est en butte aux outrages.
Semblables aux Européens
Qui fournissent contre eux de la poudre aux sauvages,
Vous donnez des armes aux sots :
De vos travers ils se prévalent,

Avec emphase ils les étalent,
Et pensent tout au moins devenir les égaux
Des hommes éminens que sans cesse ils ravalent.

ÉRASTE.

Ne fut-il pas toujours des sots et des méchans,
    Ennemis nés de la philosophie?
Et leurs traits n'ont-ils pas poursuivi de tout temps
Le talent qu'on admire et qui les humilie?

LISIMON.

C'est quelquefois sa faute.

ÉRASTE.

        Eh ! comment, s'il vous plaît?

LISIMON.

    Je dis la chose comme elle est.
 Si d'être célébré vous avez la manie,
        Qu'avez-vous besoin de travers ?
        Les moyens vous en sont offerts :
Occupez-vous des lois dont vous êtes l'organe,
Combattez, détruisez l'hydre de la chicane,
Veillez pour l'orphelin, secourez l'innocent,
Rendez surtout au faible une prompte justice;
Qu'aux yeux de la beauté, qu'à la voix du puissant,
La balance jamais dans vos mains ne fléchisse.
        Aux devoirs d'un si noble emploi,
Immolez vos plaisirs, immolez-vous vous-même.
Sachez q l'on ne s'élève à la gloire suprême
        Qu'autant qu'on ne vit pas pour soi.
Vous passerez encor pour singulier peut-être;
        Mais, mon cher ami, croyez-moi,
        C'est ainsi qu'il est beau de l'être.

ÉRASTE.

Vous m'échauffez ; je sens que vous avez raison.
Je crois votre conseil et garderai ma place.

LISIMON.

        Ah! venez que je vous embrasse.
Si je vous ai parlé trop vivement, pardon.
Je sais tout ce qu'en vous le ciel a mis de bon.
Par exemple, vos soins pour la jeune Sophie
        Honorent la philosophie.
        Quels sont sur elle vos desseins ?

Saurin.   21

Vous rougissez !

ÉRASTE.

Comment vous avouer que j'aime ?
Votre sagesse, que je crains
Ne me passera pas cette faiblesse extrême.
Vous condamnez l'amour.

LISIMON.

Cessez de vous troubler :
La philosophie est moins dure,
Et se propose de régler,
Non de détruire la nature.

ÉRASTE.

Mais moi, me marier !...

LISIMON.

Eh ! qui donc, s'il vous plaît,
Sera bon citoyen, bon époux et bon père,
Si le philosophe ne l'est ?
Son exemple est surtout aujourd'hui nécessaire.
Eraste, vous deviez à Sophie un époux ;
J'approuve fort que ce soit vous,
Et cela m'impose silence.

ERASTE.

Sur quoi ?

LISIMON.

J'avais dessein de vous la demander
Pour mon neveu, jeune homme d'espérance,
Qui doit un jour à mes biens succéder.

ÉRASTE.

J'eusse aimé fort une telle alliance.

LISIMON.

A votre projet, moi, de grand cœur j'applaudis.

ÉRASTE.

Ce mariage-là fera du bruit, je pense

LISIMON.

Mais, non : rien n'est plus simple.

ÉRASTE.

Oh ! point : tous nos amis,
Milord Colbam surtout en sera bien surpris.

LISIMON.

Je viens d'avoir de ses nouvelles.

ÉRASTE.

Je viens d'en recevoir aussi.

LISIMON.

Je le plains fort : son fils lui vient d'être ravi ;
Il m'écrit qu'il en est dans des peines cruelles.

ÉRASTE.

De qui parlez-vous ?

LISIMON.

De milord.

ÉRASTE.

De milord Colbam ?

LISIMON.

Oui.

ÉRASTE.

Vous me surprenez fort.
Son fils vient d'épouser cette riche héritière...

LISIMON.

Qui vous a fait ce beau rapport ?

ÉRASTE.

Son père me le mande.

LISIMON.

Il me mande sa mort.

ÉRASTE.

Parbleu ! la chose est singulière,
Ma lettre est du vingtième.

LISIMON.

Et la mienne est du vingt.

ÉRASTE, *tirant sa lettre.*

Voyez.

LISIMON.

C'est de milord l'écriture et le seing.

ÉRASTE.

Lisez.

LISIMON.

Dans notre langue il faut vous la traduire.
« Mon cher ami, c'est le plus malheureux des pères
» qui vous écrit : j'ai perdu mon fils en deux jours ; sa
» mort... »
Eh bien ! ai-je raison ?

ÉRASTE.

Je ne sais plus que dire :
Rendez-vous bien le sens, Lisimon ?

LISIMON.

Mot à mot.

Qu'avez-vous donc ?

ÉRASTE.

J'ai... que je suis un sot.
Holà ! quelqu'un ! allez, faites venir Blacmore.

LISIMON.

Quel est donc ce Blacmore ?

ÉRASTE.

Un homme, je le voi,
Qui, comme bien des gens dont c'est là tout l'emploi,
Fait métier de montrer ce que lui-même ignore.

SCÈNE XV.

ÉRASTE, LISIMON, DAMIS.

ÉRASTE.

Monsieur le maître anglais, approchez.

DAMIS, *à part.*

Je suis pris :
C'est Lisimon.

ÉRASTE, *à Lisimon, qui éclate de rire.*

Eh ! mais, pourquoi donc tous ces ris ?

LISIMON.

Parbleu ! c'est que le tour est drôle.
Votre Anglais, natif de Paris,
A tout-à-fait l'air de son rôle.
Mais savez-vous qui c'est ?

ÉRASTE.

Un fripon.

LISIMON.

Mon neveu.

ÉRASTE.

Damis ! je suis surpris on ne peut davantage...

LISIMON.

Cette plaisanterie est un jeu de son âge.

DAMIS.

Non , monsieur; pardonnez , il faut faire un aveu :
L'amour m'a fait ici jouer ce personnage ;
 Et Sophie...

LISIMON.

 Oh : ceci passe le jeu.

DAMIS.

 Tous les cœurs lui doivent hommage ;
 Le mien , de ses vertus charmé..
(*à son oncle qui paraît indigné.*)
Vous me condamnerez ; vous n'avez point aimé.

LISIMON.

 Oui , monsieur . très-fort , je vous blâme :
Ne tient-il donc qu'à suivre une imprudente flamme?
 L'amour ne sert d'excuse à rien :
De notre caractère il emprunte le sien;
Et par de nobles traits se faisant reconnaître ,
Dans un cœur vertueux l'amour se plaît à l'être.
Du vôtre , mon neveu , songez à triompher.

DAMIS.

Cet amour est ma vie.

LISIMON.

 Il le faut étouffer.

DAMIS.

Vous voulez donc , mon oncle , que j'expire ?

LISIMON.

On ne meurt point , monsieur , et l'on fait son devoir.
 Mais , pour vous ôter tout espoir ,
 Sachez , puisqu'il faut vous le dire ,
Qu'Eraste pour Sophie a fait choix d'un époux.

DAMIS, *à Eraste.*

C'est donc à moi , monsieur , d'embrasser vos genoux.
Verrez-vous sans pitié mon désespoir extrême?
 Mais où se cache ce rival !
Mérite-t-il?...

LISIMON.

 Damis, n'en dites point de mal :
Vous étiez à ses pieds.

ÉRASTE, *qui, pendant le dialogue de l'oncle et du*
neveu, a paru rêver profondément.

Oui, monsieur, c'est moi-même,
Et mon amour au vôtre est tout au moins égal.
(il va au fond du théâtre.)
Que l'on fasse venir Sophie.

LISIMON.

Vous voyez, mon neveu, qu'il n'y faut plus songer.

DAMIS, *vivement.*

Rien, mon oncle, non, rien ne m'en peut dégager ;
Et si je vous suis cher...

LISIMON.

Mais c'est de la folie...
Quel est votre dessein, Eraste, je vous prie ?

ÉRASTE.

Vous allez entendre et juger.

SCNE XVI.

ÉRASTE, LISIMON, DAMIS, SOPHIE,
BÉLISE, FINETTE.

ÉRASTE.

Approchez-vous, Sophie, et prêtez-moi silence.
Vous savez, depuis votre enfance,
Tous les soins que j'ai pris de vous :
Vos vertus sont ma récompense ;
Mais je ne suis pas quitte, il vous faut un époux...
D'une aimable rougeur votre front se colore,
Sophie, et vous baissez les yeux.

SOPHIE, *avec embarras.*

Monsieur...

ÉRASTE.

Cet embarras vous embellit encore.

FINETTE.

Rougir au mot d'époux, c'est s'expliquer aux mieux.

BÉLISE.

C'est répondre d'après nature.

ÉRASTE.

Il faut donc en remplir le vœu.

Des faiblesses d'un cœur qui cachait sa blessure,
    Il faut vous faire aussi l'aveu :
      Tandis que chargeant sa peinture,
Je vous offrais l'amour sous des traits odieux ,
      Le traître, caché dans vos yeux,
Riait de mes leçons , et gravait dans mon ame
    Votre portrait en trait de flamme.

SOPHIE.

Vous aimez! mais, monsieur , ce n'est donc point un mal?

DAMIS, *vivement.*

    C'est un bien qui n'a point d'égal.

SOPHIE, *à Éraste.*

Vous me trompiez !

ÉRASTE.

      Je me trompais moi-même.
    Il est trop vrai que je vous aime ,
Et qu'à vous posséder j'attache mon bonheur ;
Mais je n'ai jamais su tyranniser un cœur :
Et quel que soit pour vous l'excès de ma tendresse,
Je veux de votre choix que vous soyez maîtresse :
Je vous donne pour dot cinquante mille écus...
    Point de complimens là-dessus :
    Je vous ai tenu lieu de père ,
    Et c'est à moi de vous doter.

SOPHIE, *pénétrée.*

    Ah! comment pourrai-je acquitter ?...

ÉRASTE.

Je n'ai rien fait pour vous que ce que j'ai dû faire :
Votre père, en mourant, me légua votre sort
J'ai fait honneur au legs ; mais je rougirais fort
De penser que ce fût un titre pour vous plaire ;
Consultez votre cœur pour donner votre foi,
    Et choisissez entre Damis et moi.

SOPHIE, *à part.*

Qu'un si beau procédé me confond et me touche !

DAMIS, *vivement.*

    Sophie, avant que de fixer mon sort,
    Songez , hélas! songez que votre bouche
    Va prononcer, ou ma vie , ou ma mort :
    Je ne veux point de la dot qu'on vous donne.

Riche assez de vous posséder,
Je ne veux que votre personne;
Mais je meurs, s'il faut vous céder.

LISIMON.

Jeune insensé, vous voulez que Sophie
A vos désirs lâchement sacrifie
Ce qu'elle doit...

DAMIS, *avec la plus grande chaleur.*

Oui, j'espère... je veux...
Vous ignorez, mon oncle, comme on aime.
Un cœur dont l'amour est extrême,
Ne sait point renoncer à l'objet de ses vœux.
Le véritable amour n'est point si généreux ;
Il immole tout... hors lui-même.

(*il se jette aux pieds de Sophie.*)

J'attends mon arrêt à vos pieds.

SOPHIE, *à part.*

O ciel ! dans quel trouble il me jette !

(*à Damis.*)

Je prétends que vous vous leviez,
Damis ; levez-vous, dis-je, ou ma bouche est muette.

ÉRASTE, *à part.*

Je vois qu'il est aimé.

SOPHIE, *à part.*

Que vais-je prononcer ?

(*haut.*)

Eraste, vos bienfaits ont des droits sur mon ame.
Que rien jamais ne pourra balancer.
Vous avez beau vouloir y renoncer,
Et ne laisser parler que votre flamme,
Plus vous les oubliez, et plus je m'en souvien...
Mais pourquoi vous montrer sous des dehors austères ?
Pourquoi contre l'amour ces discours si sévères ?
M'ont-ils dû disposer à ce tendre lien ?
Et lorsque votre amour éclate,
Pourrai-je ?... Oui, je puis tout, plutôt que d'être ingrate;
Et, dût votre bonheur me coûter tout le mien,
Fallût-il vous donner ma vie...
Je suis prête...

ÉRASTE.

Achevez... Vous vous troublez, Sophie.

SOPHIE, *avec effort.*

Non, monsieur.

ÉRASTE.

Eh bien donc?

SOPHIE, *regarde Damis, soupire, et présente sa main
à Eraste*

Mon devoir est ma loi :
Voici ma main, Eraste.

DAMIS.

O ciel!

ÉRASTE.

Je la reçois...
Mais, Damis, c'est pour vous la rendre

DAMIS.

Qu'entends-je?...

SOPHIE.

Quoi, monsieur!

ÉRASTE.

Je fais ce que je dois :
A vos vrais sentimens je ne puis me méprendre.
Vous avez beau vouloir vous vaincre en ma faveur.
Damis possède votre cœur :
C'est à moi sur le mien d'emporter la victoire.

DAMIS.

Je doute si je veille, et j'ai peine à vous croire.
De ce bonheur inattendu
Mon esprit encor se défie...
Parlez donc, charmante Sophie.

SOPHIE, *à Eraste*

Dans le saisissement de mon cœur éperdu,
J'ai peine à trouver des paroles...

ÉRASTE.

Ce sont témoignages frivoles :
Il n'en est pas besoin, votre cœur m'est connu.

SOPHIE.

Que je sens bien tout ce qui vous est dû!

ÉRASTE.

Je fais votre bonheur, il sera mon salaire;

J'exige cependant une grace de vous.

SOPHIE.

Parlez, monsieur, que faut-il faire ?

ÉRASTE.

En aimant Damis comme époux,
Me chérir encor comme père.

SOPHIE.

Ce dernier trait achève et met le comble à tous.

DAMIS *et* SOPHIE, *se jettent aux pieds d'Eraste.*

Nous sommes vos enfans.

BÉLISE.

Il faut pourtant le dire :
Les philosophes sont des fous
Que malgré soi quelquefois l'on admire.

LISIMON , *à Eraste.*

C'est avoir sur vous-même , Eraste, un grand empire.
Ce sublime effort de raison
Est d'un rare et pénible usage.
Ne soyez singulier que de cette façon ,
Et le public en vous respectera le sage.

FIN DE L'ANGLOMANE.

LE MARIAGE DE JULIE,

COMÉDIE

EN UN ACTE ET EN PROSE,

DE

SAURIN;

Représentée, pour la première fois, en 1772.

PERSONNAGES.

M. DURVAL, riche financier.

MADAME DURVAL, sa femme.

MADEMOISELLE JULIE, leur fille.

M. DE SURMON, frère de M. Durval.

LA COMTESSE D'ALTIN, sœur de madame Durval.

LA MARQUISE DE SAINT-BON,

LE MARQUIS DE SAINT-BON, son fils.

UN MÉDECIN.

AGATHE, une femme de madame Durval.

DUMONT, maître-d'hôtel, mari d'Agathe.

La scène est dans le salon d'une maison de campagne de M. Durval, très-voisine de Versailles.

LE
MARIAGE DE JULIE,

COMÉDIE.

SCÈNE PREMIÈRE.

DUMONT, AGATHE.

(ils sortent chacun d'un appartement opposé.)

DUMONT, *riant.*

AH, ah, ah !

AGATHE, *pleurant.*

Hun, hun.

DUMONT.

Pourquoi pleures-tu ?

AGATHE.

De quoi ris-tu ?

DUMONT, *gaiement.*

De l'humeur de monsieur.

AGATHE, *tristement.*

De l'humeur de madame.

DUMONT.

Il demande mes comptes, je les lui donne ; et il se prend à moi de ce que madame fait plus de dépense qu'il ne voudrait.

AGATHE.

Madame m'a demandé son miroir, je le lui donne ; et elle se prend à moi de ce qu'elle y voit des traits qui ne sont pas ceux de sa fille

DUMONT.

Ils sont plaisans nos maîtres,

AGATHE.

Plaisans ! très-fâcheux.

DUMONT.

Tu n'y penses pas , mon enfant : tant pis pour eux s'ils ont de l'humeur.

AGATHE.

Tant pis pour nous : c'est sur leurs gens que se passe l'humeur des maîtres. Entendre toujours crier...

DUMONT.

Le bruit des cloches; on s'y fait.

AGATHE.

C'est une cloche bien aigre que madame.

DUMONT.

Allons, allons, tu as de bons profits; c'est l'essentiel ; et puis nous nous aimons, ma chère Agathe, cela console de tout.

AGATHE.

Il est vrai, mon cher Dumont ; le mariage ne nous a pas guéri de cette maladie, comme ils l'appelaient.

DUMONT.

Oh ! des gens comme nous! il nous conviendrait bien d'imiter nos maîtres ! Cette maladie durera, il n'y a mariage qui tienne.

AGATHE.

On fera bientôt celui de la fille de la maison, de mademoiselle Durval : c'est pour cela qu'ils l'ont retirée du couvent : je parierais bien d'avance que ce mariage-là ne sera pas si heureux que le nôtre.

DUMONT.

Ce serait dommage : mademoiselle Julie est si aimable !

AGATHE.

Oui, si douce, si aisée à servir ! une figure charmante, de la naïveté , de l'esprit.

DUMONT.

Ils n'ont point d'autre enfant, et elle passe pour la plus riche héritière.

AGATHE.

Le mal est que ces héritières-là, on songe plus à en

faire de grandes dames qu'à en faire des femmes heu-
reuses.

DUMONT.

On dit que monsieur lui destine ce jeune homme....
là... qui a la physionomie si basse.

AGATHE.

Monsieur Dutour ?

DUMONT.

Justement. Il est extrêmement riche.

AGATHE.

Je le crois : il a l'air si insolent !

DUMONT.

Cela est dans l'ordre ; mais c'est un homme qui est
bien selon le cœur de monsieur.

AGATHE.

En revanche, il n'est guère selon le cœur de madame.

DUMONT.

Mon enfant, cela est encore dans l'ordre.

AGATHE.

Je crois qu'elle a en vue, pour notre demoiselle, le
marquis de Saint-Bon, qui depuis hier est à cette maison
de campagne avec madame sa mère : on ne dira pas de
celui-là qu'il a la physionomie basse : c'est la figure la
plus noble, la plus intéressante, et des manières si honnêtes avec tout le monde !

DUMONT.

C'est à ces manières-là qu'on reconnaît les gens de
qualité.

AGATHE.

Madame dit que là-dessous il y a quelquefois bien de
la hauteur : mais je ne crois pas cela du marquis : son
air est si franc, si ouvert !

DUMONT.

Il n'est pas difficile de deviner pour qui doit pencher
le cœur de notre jeune maîtresse.

AGATHE.

Je ne puis pas te dire encore si elle aime le marquis ;
mais je puis bien te répondre qu'elle hait monsieur Dutour de tout son cœur. Pour lui déplaire souveraine-

ment, il n'a eu qu'à se montrer. Oh! c'est un homme qui va vite en besogne.

DUMONT.

Malheureusement, madame n'est guère en possession de faire changer d'avis à monsieur.

AGATHE.

Et as-tu vu monsieur en faire changer à madame? Il faut avouer que nous avons des maîtres bien étranges! monsieur et madame Durval logent sous le même toit; ils n'ont, d'ailleurs, rien de commun : leurs heures, leurs goûts, leurs sociétés diffèrent : monsieur dîne, et madame soupe ; quand l'un se lève, l'autre se couche ; et s'ils ne se donnaient quelquefois rendez-vous, madame pour demander de l'argent à son mari, monsieur pour quereller madame, on croirait qu'il y a un mur de séparation entre eux.

DUMONT.

S'ils étaient du moins heureux, chacun de leur côté... mais bon! monsieur va tous les soirs porter son ennui chez une petite personne à qui il paie bien cher le droit de commander chez elle, et d'être sa dupe.

AGATHE.

Madame, de son côté, donne d'excellens soupers où elle ne mange point ; elle a des amis qu'elle n'aime point, une loge à tous les spectacles, et du plaisir nulle part.

DUMONT

Leur mal est d'avoir trop de ce qui manque aux autres.

AGATHE.

Oui ; mais madame a, d'ailleurs, au fond de l'ame, un chagrin qui la suit partout.

DUMONT.

Quel est ce chagrin ?

AGATHE.

Un chagrin... O! tu ne l'imaginerais jamais... un chagrin... qui fait mourir de rire.

DUMONT.

Comment donc ?

AGATHE.

C'est que tout d'un coup madame pleure comme s

elle avait perdu tous ses parens, et on ne sait pas pourquoi... Je le sais pourtant bien, moi.

DUMONT.

Parbleu ! c'est qu'elle est folle.

AGATHE.

A peu près : madame se désole de ce qu'elle n'est pas
femme de qualité : elle enrage de voir sa sœur comtesse,
elle s'en meurt de douleur.

DUMONT.

Mais cette sœur manque de tout.

AGATHE.

Madame voudrait être comtesse, et manquer de tout
comme elle. Il est vrai que celle-ci, qui, de son côté,
pourtant envie les grands biens de sa sœur, a l'air de la
protéger ; elle regarde madame du haut de sa grandeur ;
et, ce qu'il y a de plaisant, c'est qu'il n'y a pas jusqu'à
ses femmes qui dédaignent de faire notre partie.

DUMONT.

Je ne sais comment cela se fait : on dirait qu'il y a
une malédiction sur ces gens riches. Quand on les voit
de près, ils font plus de pitié que d'envie. Ma foi, si
je pouvais troquer mon sort contre celui de nos maîtres,
je crois que j'y regarderais à deux fois.

AGATHE.

Je ne voudrais point de leur ennui ; mais je voudrais
bien des belles robes de madame, de ses diamans, de
ses dentelles.

DUMONT.

Bon ! tu as bien besoin de tout cela ! Va ! ma chère
amie, les richesses sont pour quelques uns, et le bonheur pour tout le monde. Tiens, il y a une chanson
qui dit...

SCÈNE II.

DURVAL, *en robe de chambre*, **AGATHE**,
DUMONT.

DURVAL.

Qu'est-ce que cette chanson ? Je sonne, et personne
ne vient. Qu'avez-vous donc à chanter, vous autres, et

Saurin.   22

être si gais dè. le matin ? Je ne vois pas ce que la vie a
de si plaisant, et surtout pour de pauvres diables comme
vous.

DUMONT.

Je dirai à monsieur que de pauvres diables comme nous
ont bon appétit, se portent bien, dorment bien, s'aiment bien...

DURVAL.

Et servent mal. On chante, au lieu d'écouter quand je
sonne. S'aiment bien ! n'êtes-vous pas honteux de
vous aimer encore ? à quoi sert-il donc qu'on vous ait
mariés ?

DUMONT.

A quoi cela sert, monsieur ? Voyez un peu le joli mi-
nois d'Agathe.

AGATHE.

C'est un effet de votre honnèteté, mon cher Dumont.

DURVAL.

Depuis le temps que vous êtes mari et femme...

DUMONT.

Ma foi, monsieur, il me semble que ce n'est que
d'hier ; mais, comme disait l'autre jour monsieur votre
frère, le plaisir abrège les heures, l'ennui les compte.

DURVAL.

Oh! monsieur mon frère, c'est un philosophe ; il fait
des phrases : mais qu'il porte cela à la bourse, il verra
ce que cela vaut. Allez, Dumont, allez vous-en de ma
part savoir s'il est jour chez la marquise de Saint-Bon,
comment elle a passé la nuit, et si elle n'a besoin de
rien ; vous, Agathe, dites à ma fille que je veux lui
parler.

SCÈNE III.

DURVAL, *seul.*

Ces faquins-là ont l'insolence d'être plus heureux que
leurs maîtres. Nous avons les richesses, et ils ont les
plaisirs. Sans la vanité qui soutient, on serait tenté de
leur porter envie. S'aimer après six grands mois de ma-

riage! Au bout de six jours, je ne pouvais souffrir ma femme.

SCÈNE IV.

DURVAL, DE SURMON.

DURVAL.

Ah! monsieur de Surmon, vous voilà de bonne heure!

DE SURMON.

C'est que j'ai à vous entretenir, mon frère.

DURVAL.

De quoi s'agit-il donc?

DE SURMON.

D'un parti pour ma nièce, d'un homme dont la haute naissance...

DURVAL.

Je vous arrête, mon frère : c'est vraisemblablement celui dont la comtesse d'Altin, ma belle sœur, m'a déjà parlé; un de ces hommes sans principes, de ces roués de bonne compagnie, que personne n'estime et que tout le monde recherche.

DE SURMON.

Eh! non, mon frère : s'il était question d'un pareil sujet, je ne m'en mêlerais pas : celui dont il s'agit, c'est le marquis de Saint-Bon que vous avez vu ici avec madame sa mère : vous savez qu'il est généralement estimé, que sa façon de penser est au-dessus de sa naissance, qu'il regarde celle-ci comme un avantage dont on ne se prévaut qu'au défaut du mérite personnel, et qu'il ne croit pas qu'aucun homme apporte, en venant au monde, le droit d'en mépriser un autre.

DURVAL.

Je veux croire que ce sont là ses véritables sentimens.

DE SURMON.

Oh! je vous garantis qu'il n'y a point d'hypocrisie dans son fait.

DURVAL.

Je l'en félicite. Mais, mon frère, outre que j'ai résolu de n'avoir pour gendre qu'un homme qui soit mon égal, et que sur ce point je trouve que madame Jourdain était

une femme très-sensée, votre marquis a un défaut qui
me gâterait seul tout ce qu'il peut avoir d'estimable.

DE SURMON.

Quoi donc?

DURVAL.

C'est un merveilleux, un esprit; et vous savez que ma
bête, à moi, c'est un homme d'esprit : je n'aime pas
ces messieurs-là.

DE SURMON.

Vous en voyez pourtant.

DURVAL.

Dans une maison comme la mienne, il faut bien avoir
de tout... N'allez pas vous imaginer que je les craigne,
au moins.

DE SURMON.

En tout cas, mon frère, on ne dira pas que vous avez
peur de votre ombre.

DURVAL.

Comment? que voulez-vous dire? Qu'entendez-vous
par là.

DE SURMON.

Moi, rien; mais je soutiens qu'un sot...

DURVAL.

Un sot dit des sottises, un homme d'esprit en fait.
Votre marquis, par exemple, ne l'accuse-t-on pas de
composer?

DE SURMON.

L'accusation est prouvée : il a eu le malheur de faire
un excellent ouvrage, et de n'en pas rougir, qui pis est.
Que voulez-vous? il a le ridicule de penser qu'il n'y a
personne qui ne doive s'honorer d'une production estimable, qu'il est très-avantageux de savoir s'occuper,
que l'esprit et les mœurs y gagnent.

DURVAL.

En effet, ce sont de grands modèles de vertu que mes-
sur les auteurs !

DE SURMON.

Non, mon frère; ils sont hommes, et quelquefois
plus hommes que d'autres, vous avouerez cependant;
qu'en se dérobant à l'oisiveté, on échappe à l'ennui, mal

épidémique des gens du monde, et qui est chez eux la
cause d'une infinité de vices et de travers dont l'occupa-
tion les aurait préservés. C'est peut-être à cela que le
marquis doit de valoir mieux que la plupart de ses pareils.

DURVAL.

Tout ce qu'il vous plaira, mon frère, mais vous ne
me ferez pas aimer l'esprit : je ne parle pas de celui qui
fait faire fortune ; j'en fais grand cas de celui-là, et vous
voyez qu'il m'a bien servi. Aucun particulier n'est plus
riche que moi, et avec cette richesse-là on est l'égal de
tout le monde.

DE SURMON.

C'est de quoi tout le monde ne convient pas.

DURVAL.

Et tout le monde agit comme s'il en convenait. Les
gens du plus grand état sont à ma table, ce qu'il y a de
plus distingué, de plus célèbre dans tous les genres fait
sa cour...

DE SURMON.

A votre cuisinier.

DURVAL.

Mais n'a pas qui veut un cuisinier comme le mien.
Avec tout votre bel esprit, mon frère, vous allez à
pied, vous faites maigre chère.

DE SURMON.

Mon frère, vous vous en porteriez mieux, si vous don-
niez plus d'exercice à vos jambes et moins de travail à
votre estomac. sachez cependant que j'ai quelque chose à
ma table ce qui manque à la vôtre.

DURVAL.

Ce qui manque à la mienne !

DE SURMON.

Oui, mon frère ; des amis.

DURVAL.

Bon ! est-ce qu'il y a de ces gens là ?

DE SURMON.

Des amis et de la gaieté... N'allez-vous pas me dire
encore : est-ce qu'il y a de la gaieté ?

DURVAL.

Mais, monsieur, qui croyez aux amis, et qui êtes si gai avec deux mille écus de rente, vous ne prétendez pas, apparemment, faire de comparaison avec un homme qui en a cent mille.

DE SURMON.

Je n'en fais aucune, mon frère : mais... cet homme est donc bien heureux, là, bien heureux ?

DURVAL.

Eh! mais... si ce n'était ma femme.

DE SURMON.

Avouez qu'elle trouble un peu...

DURVAL.

Oh ! un peu : baste, vous la connaissez; mais quand elle m'a bien fait donner au diable, savez-vous ce que je fais?

DE SURMON.

Ce que bien d'autres font : vous prenez patience.

DURVAL.

Je m'enferme, j'ouvre mon coffre-fort, je visite mon portefeuille, et je suis consolé.

DE SURMON.

Mon frère, ce n'est pas là ce que je vous envie, c'est le pouvoir d'obliger : mais quel usage en faites-vous ? Vous prodiguez l'or pour les choses de luxe et d'ostentation, votre bourse est au service d'un grand seigneur, d'un homme en place, quelquefois même d'un malheureux à la mode; mais de faire une bonne action secrète, de secourir le mérite indigent et caché... oh ! vous n'avez point d'argent pour cela.

DURVAL.

En beaux propos, mon frère, on sait que vous y abondez : les gens qui n'ont rien à donner sont toujours si généreux... du bien d'autrui.

DE SURMON.

Laissons cela, et revenons au marquis : il est neveu du commandeur, et parent du ministre : vous savez qu'il doit y avoir de grands changemens, et que, pour conserver votre place, vous avez besoin d'un ami puissant; le commandeur est le vôtre.

SCENE IV.

DURNAL.

Ma femme le dit; mais sur ce point-là elle est un peu sujette à caution. Personne n'aurait autant d'amis que moi, si j'avais pris pour bons tous ceux qu'elle m'a donnés.

DE SURMON.

Mais celui-ci, mon frère...

DURVAL.

J'en ai un plus sûr, et qui m'a mieux servi, l'argent, oui, monsieur le philosophe, l'argent; et pour m'expliquer net sur votre proposition, sachez que j'ai promis ma fille à monsieur Dutour, que je me démets de ma place en sa faveur, que moyennant cent mille francs, donnés à propos, nous avons obtenu cette grace, et que j'en ai la nouvelle.

DE SURMON.

Mais, mon frère, ce monsieur Dutour est un homme décrié, un homme sans mérite.

DURVAL.

Sans mérite! mon frère, mon frère, je sais que de la succession de son père il a eu plus de deux millions.

DE SURMON.

Des gens bien instruits m'ont, de plus, assuré qu'il avait un engagement secret, que ses affaires étaient fort dérangées.

DURVAL.

Bon! monsieur Dutour un engagement secret! Ses affaires dérangées! Je vous garantis, moi, qu'il ne dérangera jamais, ni lui, ni ses affaires : c'est l'esprit le plus solide...

DE SURMON.

Vous voulez dire le plus lourd.

DURVAL.

Nommez-le comme il vous plaira; mais je lui connais, moi, une maxime excellente : c'est de ne laisser jamais ses deniers oisifs : aussi a-t-il fallu que je lui prêtasse les cent mille francs qui ont servi à lui faire obtenir ma place; il ne les avait pas chez lui.

DE SURMON.

Mais votre fille sera-t-elle heureuse avec monsieur Dutour? L'aimera-t-elle?

DURVAL.

Elle l'aimera, elle l'aimera, comme les femmes aiment leurs maris...

DE SURMON.

Mais...

DURVAL.

Je sais que ma femme a, comme vous, le marquis dans la tête ; car elle a la maladie des gens de qualité, ma femme.

DE SURMON.

Et vous, mon frère, la maladie des sots ; mais...

DURVAL.

O ! mais, mais... tenez, mon frère, quand vous aurez fait une fortune comme la mienne, je pourrai prendre de vos almanachs. En attendant, je vous baise les mains, et vais finir quelques affaires.

SCÈNE V.

DE SURMON, *seul.*

CHOSE étrange, qu'un homme mesure à sa fortune l'opinion qu'il a de lui-même, et qu'il ne soupçonne jamais qu'il serait possible, à toute force, qu'avec de grands biens on ne fût pourtant qu'un sot. Mais voici ma nièce : sa physionomie prévient pour elle, je veux voir si son esprit y répond ; je n'ai causé avec elle que des momens.

SCÈNE VI.

JULIE, DE SURMON.

DE SURMON.

Ou allez-vous donc, ma nièce ?

JULIE.

Ah ! c'est vous, mon cher oncle, je suis bien charmée de vous voir, je passais chez mon père.

DE SURMON.

N'êtes-vous pas bien contente d'avoir quitté votre couvent ?

JULIE.

Hélas ! mon cher oncle, j'y voudrais être encore.

DE SURMON.

Vous ne parlez pas suivant votre pensée ; à votre âge, le monde est si charmant !

JULIE.

Vraiment, mon oncle, je m'en étais fait une image enchantée ; en y pensant, mon cœur battait d'avance, je volais au-devant de lui ; mais que je l'ai trouvé différent de ce que je l'avais imaginé !

DE SURMON.

Comment donc, mademoiselle ?

JULIE.

Je croyais trouver ici des parens qui s'aimaient, à qui je serais chère, que j'aimais déjà de tout mon cœur, à qui je brûlais de le prouver ; leur froid accueil m'a glacée : ils ne m'aiment point, et ils se haïssent : concevez-vous cela ? Des époux se haïr !

DE SURMON.

En effet, cela est si rare !

JULIE.

Mon père ne me parle jamais de sa femme que pour m'en dire du mal ; ma mère ne me parle jamais de son mari que pour le tourner en ridicule ; la comtesse, ma tante, se moque de tous les deux ; tous les deux disent qu'elle est une impertinente : chacun veut que je dise comme lui ; et parce que je ne veux pas jouer un si vilain rôle, on trouve que je ne suis qu'une petite sotte.

DE SURMON.

Continuez de même, et soyez sûre qu'on finira par vous en estimer davantage. Convenez d'ailleurs que la maison de vos parens est le rendez-vous de tous les plaisirs.

JULIE.

Tous les plaisirs y sont, et jamais le plaisir : l'ennui se peint sur les visages, et on dit en bâillant qu'on se réjouit fort : on veut surtout le persuader aux autres. Je suis pourtant bien contente quand ma mère me mène aux Français dans sa petite loge : je me sens si intéressée, si émue. Cette pauvre Zaïre, mon oncle! Mais ma mère ne cesse de causer; et, lorsque je suis à pleurer de tout mon cœur, elle a la cruauté d'interrompre mes larmes, en se moquant de moi, ou en me disant que tout cela n'est pas vrai.

DE SURMON.

Pauvre petite!

JULIE.

Au retour, un grand souper si triste, et puis un jeu d'enfer où l'on s'égorge poliment entre amis : passe encore pour des proverbes, quand c'est monsieur Préville qui les joue.

DE SURMON.

Vous êtes difficile, mademoiselle; mais, après tout, dans votre couvent...

JULIE.

J'y étais heureuse et tranquille, et je ne puis, sans soupirer, songer aux doux momens que j'y passais avec une amie...

DE SURMON.

Qu'elle est donc cette amie?

JULIE.

Une dame retirée du monde où elle avait long-temps vécu, une parente du marquis de Saint-Bon.

DE SURMON.

Ah! fort bien... Et le marquis allait voir sa parente?

JULIE.

Oh! souvent.

DE SURMON.

Et vous le voyez chez elle? C'est un homme charmant, n'est ce pas?

JULIE.

Oh! oui, un homme infiniment estimable.

DE SURMON.

Ma nièce, je commence à comprendre votre goût pour le couvent.

JULIE.

J'y ai laissé une amie qui m'était bien chère.

DE SURMON.

Mais le marquis est ici, et vous avez du moins le plaisir de lui parler de cette amie qui vous est si chère.

JULIE.

Bon ! mon père ne m'a-t-il pas défendu d'entretenir le marquis ?

DE SURMON.

En revanche, votre mère vous le permet.

JULIE.

Et en pareil cas, ne pensez-vous pas, mon oncle, qu'une fille doit obéir à sa mère par préférence ?

DE SURMON.

Si je crois cela, ma nièce ?

JULIE.

Mais, oui ; une fille n'est-elle pas plus particulièrement sous la conduite de sa mère ?

DE SURMON.

Assurément ; et, en lui obéissant, vous ne voudriez parler au marquis qu'à cause de cette parente ?

JULIE.

Oh ! çà, mon oncle, n'ayez donc pas comme cela l'air de vous moquer de votre pauvre nièce.

DE SURMON.

Pour l'amour de cette même parente, ma pauvre nièce se ferait la violence d'épouser le marquis, si on l'en priait bien fort : le malheur est que votre père, qui ne connaît pas cette parente, a en vue un certain monsieur Dutour...

JULIE.

Oui, un homme bien désagréable : oh ! je sens qu'il me serait impossible de l'aimer.

DE SURMON.

Vous auriez moins de peine à aimer le marquis, n'est-il pas vrai ? Vous soupirez.

JULIE.

N'allez pas me trahir, mon oncle ; vous avez l'air si bon !

DE SURMON.

Au contraire, je veux vous servir ; mais vous savez les desseins de votre père.

JULIE.

Ah ! mon oncle, ayez pitié de votre nièce ; joignez-vous à ma mère, pour empêcher qu'on ne me sacrifie : l'exemple de mes parens me fait trembler. Oh ! que c'est une chose cruelle que le mariage, quand il tourne de cette façon, et qu'une union qui devrait être si douce, dégénère en une querelle de toute la vie !

DE SURMON.

Mon enfant, j'ai déjà parlé, et je parlerai encore ; mais j'ai peu de crédit sur mon frère. il n'a jamais fait cas de mes avis, parce qu'il dit ironiquement que je suis un sage. Il fait encore moins de cas de ceux de sa femme, parce qu'il dit sérieusement qu'elle est un foile. Essayez ce que pourront sur lui vos prières et vos larmes : on a beau être dur, on est toujours père. Au revoir, ma nièce.

SCÈNE VII.

JULIE, *seule.*

J'AIME et je respecte mon père : il me sera cruel de lui résister ; mais ce monsieur Dutour m'est odieux.... Que vois-je ? le marquis. Ah ! rentrons... Je dois lui cacher ... Je ne pourrais jamais.... Les jambes me tremblent.

SCÈNE VIII.

JULIE, LE MARQUIS, DE SAINT-BON.

LE MARQUIS.

ARRÊTEZ, belle Julie. Eh quoi ! vous me fuyez ?

JULIE.

Je ne fuis point, monsieur, je me retire. La bien-séance ne veut pas....

LE MARQUIS.

Je ne dirai rien qui la blesse : fiez-vous-en à mon respect, mademoiselle.

JULIE.

Mais moi, monsieur, je craindrais de la blesser, si je restais seule ici avec vous ; et l'usage...

LE MARQUIS.

Je sais qu'il m'est contraire, et que je ne devrais avoir l'honneur de vous voir et de vous entretenir que lorsque tout serait convenu entre vos parens et les miens ; mais c'est cet usage, belle Julie, qui fait tant de mauvais mariages : on songe à tout assortir, hors les personnes, et on s'épouse en attendant qu'on se connaisse. Madame votre mère consent que je vous entretienne ; elle me l'a permis, et cet entretien est si essentiel pour vous et pour moi, que j'ose vous prier instamment de vouloir bien ne vous y pas refuser.

SCÈNE IX.

LE MARQUIS, JULIE, AGATHE.

AGATHE.

Monsieur votre père, mademoiselle, m'a ordonné de vous dire qu'il avait à vous parler.

LE MARQUIS.

Je vous arrêterai peu, et je n'ai rien à vous dire que mademoiselle Agathe ne puisse entendre.

JULIE.

Voyons donc, monsieur; parlez (*à part.*) Oh ! que le cœur me bat !

LE MARQUIS.

Vous n'avez pas oublié, mademoiselle, que j'ai eu plusieurs fois l'honneur de vous voir à votre couvent ; vivement frappé de vos charmes, je ne vous ai laissé voir que mon respect ; je ne me suis pas permis de vous faire connaître des sentimens que vos parens pourraient ne pas approuver : j'ai cru que l'amour, quelque violent qu'il fût, ne pouvait jamais autoriser la séduction. Aujourd'hui que madame votre mère veut bien me flatter de l'espoir d'être à vous, je croirais manquer à ce que je vous dois, à ce que je me dois à moi-même, si je me livrais à cet espoir, sans y être autorisé par votre aveu. Pardonnez-moi donc, belle Julie, si j'ose interroger votre cœur, et vous demander, non s'il m'est favorable, je n'ai encore rien fait pour cela; mais si du moins il ne m'est pas contraire.

JULIE, *embarrassée.*

Monsieur...

LE MARQUIS.

Expliquez-vous, mademoiselle : j'attache ma vie au bonheur de vous posséder ; mais ce bonheur serait trop acheté, s'il en coûtait quelque chose au vôtre. Parlez donc, daignez m'estimer assez pour me déclarer vos sentimens, et si vous avez quelque éloignement pour moi...

JULIE.

De l'éloignement pour vous, monsieur !

AGATHE.

Cela ne serait pas naturel.

JULIE.

Un procédé si noble ! des sentimens si délicats ! je ne les mériterais guère, si...

LE MARQUIS.

Si... achevez, belle Julie.

JULIE.

C'en est assez, monsieur : je souhaite que vous engagiez mes parens à m'ordonner de vous en dire davantage.

AGATHE.

Oui, oui, monsieur ; faites-nous ordonner de vous aimer, et vous verrez comme nous obéirons.

SCÈNE X.

JULIE, LE MARQUIS, LA MARQUISE, AGATHE.

LA MARQUISE, *allant à Julie.*

Venez, que je vous embrasse, mon ange ; j'espère bientôt vous appeler d'un nom plus cher à mon cœur... vous rougissez ? Si je ne me trompe, cette rougeur n'est pas de mauvais augure pour mon fils... Marquis, c'est qu'elle est d'une beauté ravissante !

JULIE.

Madame, épargnez-moi, de grace ; et pardonnez si je vous quitte. Je ne puis me dispenser d'aller trouver mon père. (*elle sort.*)

LA MARQUISE, *la regardant aller.*

Elle est faite à peindre.

SCÈNE XI.

LA MARQUISE, LE MARQUIS.

LE MARQUIS.

AH ! madame, ce n'est rien que sa figure, si vous connaissiez son esprit, son caractère...

LA MARQUISE.

Langage d'amant ; abrégez, mon fils : on sait tout cela par cœur.

LE MARQUIS.

Non, ma mère : je n'ai rien vu qu'on puisse lui comparer ; et si je ne l'obtiens pas...

LA MARQUISE.

Mon fils, vous avez la tête romanesque. Que vous épousiez la fille de ces gens-là, j'y consens, sa fortune sera immense. Je vous aurais pourtant mieux aimé chevalier de Malte. Mais en perdre la tête ! vous êtes aussi trop étrange, et il faut qu'une bonne fois je vous dise les travers que vous vous donnez : premièrement, monsieur, vous ne faites pas assez votre cour.

LE MARQUIS.

Le temps où je ne vois pas mon maître, je l'emploie à me rendre digne de le servir.

LA MARQUISE.

Fort bien ; mais ce n'est pas comme cela qu'on s'avance.

LE MARQUIS.

Pardonnez-moi, madame ; c'en est la voie la plus honnête.

LA MARQUISE.

Je ne vois pas, d'ailleurs, ce que vos livres vous apprennent : voyez votre grand cousin, il ne lit jamais ; cependant...

LE MARQUIS.

Je sais, madame, pour m'exprimer noblement, qu'*il excelle à conduire un char dans la carrière.*

LA MARQUISE.

Ce n'est pas par là que je l'estime : je voudrais surtout
qu'on n'écrasât personne ; mais du moins, il n'a pas
comme vous la manie d'écrire, de composer : un homme
de votre nom !

LE MARQUIS.

Mais César, ma mère ; mais Frédéric ! Ces noms-là
sont assez nobles et valent bien le nôtre, je crois.

LA MARQUISE.

Pour comble de ridicule, vous voilà sérieusement
amoureux de cette enfant ; et je parierais bien que vous
l'adorerez, quand elle sera votre femme.

LE MARQUIS.

Oui, madame. Remplir les devoirs de mon état, cul-
tiver mon esprit, épouser une femme que j'aime, ne
m'occuper que du soin de la rendre heureuse, voilà ce
que je me propose : j'aurai le front d'avoir des mœurs à
la face d'un monde corrompu que je ne prends point
pour modèle.

LA MARQUISE.

Vous ne voulez ressembler à personne, à la bonne
heure. Soyez si extraordinaire qu'il vous plaira, mais
terminons : ces bourgeois m'excèdent, je vous en avertis ; et, si je vous aimais moins, je n'aurais pas eu la
complaisance d'aller en grande loge avec madame Durval, d'être de ses soupers, et surtout de venir à sa campagne. De grands airs et un ton si bourgeois ! Et sa
sœur la comtesse, si sottement fière d'un rang auquel
elle ne se fait point, dont elle est tout empêtrée et toute
ridicule !

LE MARQUIS.

Au moins vous conviendrez, madame, que mademoiselle Durval...

LA MARQUISE.

Oui, elle n'est pas mal ; mais cela se sentira toujours...
Laissez-moi faire, je la formerai, je la formerai.

LE MARQUIS.

Ah ! ma mère, ne la formez pas, elle est si bien !

LA MARQUISE.

Paix ! voici madame Durval.

SCÈNE XII.

LA MARQUISE, LE MARQUIS, MADAME DURVAL.

Mad. DURVAL.

JE viens de votre appartement, madame; je voulais m'informer moi-même comment vous aviez passé la nuit, et si rien ne vous manquait.

LA MARQUISE.

Je suis très-sensible à vos attentions, madame; mais on a soin de me prévenir sur tout.

Mad. DURVAL.

Prenez-vous quelque chose le matin?

LA MARQUISE.

J'ai demandé du chocolat. Il fait le plus beau temps du monde, j'ai déjà fait un tour de jardin, et j'ai prié qu'on m'apportât le chocolat dans ce salon au frais.

Mad. DURVAL.

J'y prendrai avec vous mon café à la crème. (*au marquis.*) Et vous, monsieur?

LE MARQUIS.

Moi, madame, il faut que je voie le ministre : nous sommes à la porte de Versailles, j'y vais faire un tour, et je serai revenu pour le dîner.

Mad. DURVAL.

Il est de bonne heure ; déjeûnez avec nous, monsieur le marquis : vous partirez ensuite.

LE MARQUIS, *après avoir regardé sa montre.*

Je prendrai donc un peu de chocolat. *pendant ce dialogue, un officier a apporté du chocolat et du café qu'il sert; Agathe est entrée et se tient auprès de sa maîtresse.*)

Mad. DURVAL.

Asseyons-nous. (*le marquis dit un mot à l'oreille de sa mère.*)

LA MARQUISE.

Mademoiselle Durval ne déjeûne-t-elle pas, madame?

Mad. DURVAL.

Agathe, que fait ma fille?

AGATHE.

Elle est chez monsieur.

Mad. DURVAL.

J'en suis fâchée, madame; mais elle est chez son père.

LA MARQUISE, *à demi-bas*, *à son fils.*

Il faut vous en passer, mon fils. (*à madame Durval.*)
La tête lui en tourne au moins.

Mad. DURVAL.

Ma fille n'a rien d'assez extraordinaire...

LE MARQUIS, *vivement.*

Ah! que dites-vous, madame?

LA MARQUISE.

En effet, on n'est pas mieux que cela : c'est qu'elle
est tout votre portrait, madame.

Mad. DURVAL.

Vous me flattez, madame... Comment trouvez-vous
le chocolat?

LA MARQUISE.

Très-bon : j'aimerais pourtant mieux le café; mais il
m'incommode.

Mad. DURVAL.

Si j'en crois mon docteur, il m'incommode aussi;
mais je ne laisse pas d'en prendre.

LE MARQUIS.

Vous préférez votre plaisir à votre santé?

Mad. DURVAL.

J'aurais de la peine à vous dire pourquoi j'en prends,
c'est par habitude ; car, pour le plaisir, ce que je bois,
ce que je mange m'est assez égal : je suis toujours sans
appétit; tout le monde est un peu comme cela : il n'y a
guère que le peuple qui ait de l'appétit.

LA MARQUISE, *à son fils, entre ses dents.*

La sotte créature que c'est là!

Mad. DURVAL.

Que dites-vous, madame?

LA MARQUISE.

Je dis que votre docteur devrait bien remédier à cela.

SCÈNE XII.

Mad. DURVAL.

Oh! il ne remédie à rien, mon docteur; mais il m'a-
muse : il a la prétention des bons mots et le tic singulier d'en rire...

LA MARQUISE.

Souvent tout seul.

Mad. DURVAL.

Au demeurant, c'est bien la meilleure gazette...

LE MARQUIS.

Un peu scandaleuse.

SCÈNE XIII.

LA MARQUISE, LE MARQUIS, MADAME DUR-
VAL, JULIE, *un mouchoir à la main, sortant de
chez son père.*

LE MARQUIS, *vivement.*

Ah! voilà mademoiselle Durval.

Mad. DURVAL.

Elle sort de chez son père.

LA MARQUISE.

Amenez-nous-la, mon fils. Bon! il est déjà parti.

LE MARQUIS, *à Julie.*

Me trompé-je, mademoiselle ? Vous venez d'essuyer
des pleurs?

JULIE.

Non, monsieur; c'est que j'ai mal aux yeux.

LA MARQUISE, *qui s'est approchée.*

En effet, ils sont tout rouges.

Mad. DURVAL, *à la marquise.*

Pardonnez, madame. (*elle prend sa fille à part.*)
Qu'y a-t-il donc, ma fille ?

JULIE, *sanglotant.*

Je suis au désespoir... Ce monsieur Datour... mon
père ne veut rien entendre... il m'a traitée...

Mad. DURVAL.

Cachez vos pleurs, rentrez : allez, mon enfant, je lui
parlerai.

(*Julie regarde le marquis, lève les yeux au ciel, et
s'en va.*)

SCÈNE XIV.

LA MARQUISE, LE MARQUIS, MADAME DURVAL.

LA MARQUISE.

ELLE nous quitte, madame?

LE MARQUIS.

Qu'est-ce donc qui s'est passé, madame? Aurais-je le malheur d'être cause?...

LA MARQUISE.

Allez, mon fils, allez à Versailles, et revenez bientôt; je vais causer avec madame.

LE MARQUIS.

Je ne pars pas tranquille.

SCÈNE XV.

LA MARQUISE, MADAME DURVAL.

LA MARQUISE.

Je vous avoue, madame, que ce que je vois me donne aussi à penser : est-ce que notre mariage ne serait pas une chose faite?

Mad. DURVAL.

Vous ne doutez pas que je n'en fusse comblée de joie : l'honneur de vous appartenir, le plaisir de faire enrager ma sœur, mille autres raisons... Mais mon mari ne pense pas comme moi, et j'ai honte de vous dire que je ne suis par tout-à-fait la maîtresse.

LA MARQUISE.

Pas tout-à-fait la maîtresse! une femme! à Paris! J'y croyais nos droits plus respectés.

Mad. DURVAL.

Il est vrai : mais monsieur Durval est un homme qui n'est pas comme les autres.

LA MARQUISE.

Quelque étrange qu'il puisse être, madame, j'ai peine à croire que dans le cas présent il puisse y avoir des difficultés de sa part.

SCENE XV.
Mad. DURVAL.

Il n'y en devrait point avoir : mais, madame (je suis forcée de vous le dire), monsieur Durval n'a point d'élévation dans l'ame, il ne respecte que l'argent; et malheureusement monsieur votre fils n'est pas riche.

LA MARQUISE.

S'il l'était, madame, assurément notre amitié me ferait passer par-dessus certaines raisons ; mais ce n'est pas l'usage, et vous savez...

Mad. DURVAL.

Epargnez-moi ces raisons, madame ; encore une fois les difficultés ne viendront pas de moi.

SCÈNE XVI.

LA MARQUISE, MADAME DURVAL, LE DOCTEUR, AGATHE.

AGATHE, *annonçant.*

Monsieur le docteur.

LA MARQUISE.

Je vous laisse, madame, et vais achever ma toilette.

(*Agathe écarte la table du déjeuner.*)

Mad. DURVAL.

Vous venez à propos, docteur : j'ai mal dormi, j'ai les yeux battus.

LE DOCTEUR.

Battus, madame! Dites battans : ah, ah, ah!... je ne les ai jamais vus si redoutables... Voyons votre pouls... un peu vif... Je soupçonnerais que vous avez pris ce matin du café, si je ne vous l'avais pas défendu.

Mad. DURVAL.

Ne savez-vous pas, docteur, que les femmes aiment faire ce qu'on leur défend ?

LE DOCTEUR.

C'est-à-dire que j'ai deviné : ah, ah, ah !

LA MARQUISE.

J'admire votre pénétration.

AGATHE, *à part.*

Monsieur le docteur devine ce qu'il voit.

LE DOCTEUR.

Oh! çà, promettez-moi de n'en plus prendre : c'[est]
se mettre la chaux dans le sang... Mademoiselle, y [en]
a-t-il encore?

AGATHE.

Oui, monsieur.

LE DOCTEUR.

Donnez-m'en : je n'ai rien pris ce matin : ah, ah, [etc.]

AGATHE, *le contrefaisant.*

En voilà : ah, ah, ah!

Mad. DURVAL.

Agathe!

LE DOCTEUR.

Elle est gaie, madame; elle est gaie. Il n'y a pas [de]
mal à cela : ah, ah, ah! (*Agathe sort.*)

Mad. DURVAL.

Quelle nouvelle, docteur.

LF DOCTEUR.

Vous savez que Célimène est veuve?

Mad. DURVAL.

Qui aurait cru que cette femme, toujours mourante,
enterrerait son mari?

LE DOCTEUR.

Elle se porte à présent à merveille : un de mes con[frè]:
frères a fait cette grande cure.

Mad DURVAL.

On disait qu'elle ne voyait plus de médecins.

LE DOCTEUR.

Oui; mais le mari en voyait un qui, comme on di[t,]
a fait d'une pierre deux coups : le mari est mort, et [la]
femme s'est bien portée : ah, ah, ah!

Mad. DURVAL.

N'y a-t-il point d'autres nouvelles?

LE DOCTEUR.

Je ne sais; j'ai entendu murmurer quelque chose s[ur]
monsieur Dutour.

Mad. DURVAL.

On vous aura dit que monsieur Durval veut lui fai[re]
épouser ma fille; et sans doute que ce mariage-là para[ît]
fort ridicule?

LE DOCTEUR.

En effet, il est question de mariage dans ma nouvelle; mais ce n'est point avec mademoiselle Durval : une aventure de nuit, une surprise, une mademoiselle Lucile ; je ne puis trop vous dire ce que c'est : comme on m'expliquait la chose, on m'est venu dire qu'un malade pressait : j'ai couru ; j'ai trouvé qu'il avait pris son parti sans moi : ah, ah, ah!

Mad. DURVAL.

Cela est fâcheux.

LE DOCTEUR.

Oui; j'ai perdu ma nouvelle. Voyons encore votre pouls... toujours vif, très-vif : ah, ah, ah!

Mad. DURVAL.

Si je me faisais saigner?

LE DOCTEUR.

Oh! non, je ne vous le conseille pas; la saignée vous est contraire.

Mad. DURVAL.

J'ai dans la tête qu'elle me ferait du bien. On ne sait que faire à la campagne : la marquise part ce soir ; je n'aurai demain que des amis de mon mari, des espèces ; je me ferai saigner : n'est-il pas vrai, mon docteur?

LE DOCTEUR.

Une petite saignée donc : ah, ah, ah!

Mad. DURVAL.

Je compte aussi reprendre mes pilules : ne me le conseillez-vous pas?

LE DOCTEUR.

Gardez-vous-en bien, je vous le défends.

Mad. DURVAL.

Ah ! ah! cher docteur, vous voulez donc que je ne mange, ni ne dorme?

LE DOCTEUR.

Allons, allons, mais rien qu'une ou deux : vous faites de moi tout ce que vous voulez : ah, ah, ah !

Mad. DURVAL.

Ne passez-vous pas un moment chez mon mari?

LE DOCTEUR.

Serait-il incommodé?

Mad. DURVAL.

Oh! jamais. Quelque indigestion par-ci, par-là; mais c'est que vous lui parlerez de monsieur Dutour, et que, sans faire semblant de rien, vous lui en ferez un portrait...

LE DOCTEUR.

Je ne le connais pas.

Mad. DURVAL.

Qu'importe? Je le connais, moi, et je vous suis caution de tout le mal que vous en direz.

LE DOCTEUR.

Ah, ah, ah! Allons, allons.

SCENE XVII.

MADAME DURVAL, *seule.*

Il est délicieux, mon docteur; point entêté, surtout, c'est ce que j'en aime; un peu médisant avec cela : oh! c'est un homme divin!... Bon! ne me voilà pas mal; la comtesse!

SCÈNE XVIII.

LA COMTESSE D'ALTIN, MADAME DURVAL.

LA COMTESSE.

Ma sœur, je viens prendre congé de vous. Il n'y a pas moyen de demeurer avec votre mari : c'est un homme qui n'aime que les gens de sa sorte : je lui avais proposé, pour sa fille, un très-grand mariage, le frère d'un homme titré : il m'a refusé, mais très-durement.

Mad. DURVAL.

Celui que vous proposiez, ma sœur, est un homme perdu de dettes, un joueur...

LA COMTESSE.

Qui vous dit que non? Sans cela, mademoiselle Durval serait-elle un parti pour lui?

Mad. DURVAL.

On dit qu'il a eu d'indignes procédés avec des femmes...

LA COMTESSE.

Des femmes... de la ville.

Mad. DURVAL.

Je vous admire, ma sœur : des femmes de la ville valent bien...

LA COMTESSE.

Mon dieu ! mille pardons : vous me voyez confuse; j'oubliais...

Mad. DURVAL.

Ce que vous avez été, ma sœur.

LA COMTESSE.

Oh ! j'ai tort, j'ai tort : je ne sais comment cela m'est échappé devant vous. Ah ! çà, je ne puis m'arrêter : monsieur le comte m'attend à dîner à Paris chez le duc son oncle, avec qui nous allons ce soir à Versailles; il y a quelque temps que nous n'y avons été, et il faut bien faire sa cour.

Mad. DURVAL.

C'est un grand assujétissement, ma sœur, une grande dépendance que celle de la cour, et je vous plains bien de n'être pas en état de vous en passer.

LA COMTESSE.

Cette dépendance-là est honorable, et met à portée des graces : monsieur le comte soupe dans les cabinets, je fais la partie de...

Mad. DURVAL.

Fort bien ; mais je reste chez moi où l'on fait la mienne. Il est vrai que tout le monde ne peut pas tenir une maison.

LA COMTESSE.

Tout le monde peut encore moins être admis à l'honneur...

Mad. DURVAL.

Ma sœur, c'est acheter bien cher cet honneur, que de rester les trois quarts de l'année dans un vieux châ-teau délabré pour avoir de quoi figurer quinze jours à la cour.

Saurin.   24

LA COMTESSE.

Mais pendant ces quinze jours, ma sœur, on voit meilleure compagnie que ceux qui n'y peuvent aller n'en voient toute leur vie.

Mad. DURVAL.

Laissons cela, ma sœur ; je veux vous montrer mes diamans, je les ai fait monter dans un goût nouveau, ils sont d'un éclat, d'une beauté...

LA COMTESSE.

Je les verrai une autre fois : je compte même vous les emprunter pour le bal paré qu'il doit y avoir : comme vous ne pouvez pas en être...

Mad. DURVAL.

Je voudrais que vous y puissiez joindre une robe comme celle que je me fais faire ; c'est l'étoffe la plus riche, la plus superbe ; mais cela serait trop cher... Je me suis aussi donné une voiture d'une élégance...

LA COMTESSE.

Je vous approuve fort, ma sœur. Quand on n'a pas le bonheur de porter un certain nom, il faut avoir de tout cela : avec de l'argent chacun peut se contenter ; car tout est si confondu !

Mad. DURVAL.

Pas si confondu. Il y a peu de gens qui puissent atteindre à de certaines choses ; par exemple, je suis en marché d'un bijou unique : la princesse Amélie l'a trouvé trop cher ; mais j'en ai la fantaisie, et je la passerai.

LA COMTESSE.

Adieu, ma sœur, je vous quitte avec bien du regret. Quand on s'aime, comme nous faisons, il est cruel de se séparer... Mais vous pourriez me venir voir ; il y aura des fêtes, et je me ferais un plaisir de vous faire bien placer.

Mad. DURVAL.

Je suis bien chez moi, ma sœur ! et puis je n'aime les fêtes que quand je les donne. (*elles s'embrassent, et la comtesse sort.*)

SCÈNE XIX.

Madame DURVAL, *seule.*

Ouf ! (*elle sonne.*) je n'en puis plus ; (*elle sonne encore, et se jette dans un fauteuil.*) me voilà ma migraine, au moins pour vingt-quatre heures. La sotte ! En l'embrassant, si je ne m'étais contrainte, je l'aurais... On ne vient point, et je suis dans un état...

SCÈNE XX.

Madame DURVAL, AGATHE.

Mad. DURVAL.

Où êtes-vous donc, mademoiselle ? Je me trouve mal, horriblement mal, et personne ne vient... Mon eau de Luce.... On aurait le temps de mourir. Finirez-vous, mademoiselle ?

AGATHE, *tirant un flacon.*

Ah ! je l'ai dans ma poche.... Je suis si troublée de voir madame comme cela.... Qu'est-ce donc qu'a madame ?

Mad. DURVAL.

Ce que j'ai ? N'as-tu pas vu sortir la comtesse ?

AGATHE.

Je viens de la voir partir dans le plus vilain équipage et avec les plus mauvais chevaux.

Mad. DURVAL.

Elle n'a pas le sou, et elle est d'une impertinence !

AGATHE.

Bon ! c'est qu'elle porte envie à madame. Qu'est-ce qu'un grand nom, quand on n'a pas de quoi le soutenir ?

Mad. DURVAL.

Je donnerais tout ce que j'ai pour être à sa place.

AGATHE.

Madame n'y pense pas. Qu'elle considère que la comtesse ne sera jamais riche comme elle ; et qui sait si madame ne deviendra pas comtesse ? Madame est beaucoup plus jeune que monsieur, et s'il arrivait de certaines choses...

Mad. DURVAL.

Je ne souhaite pas qu'elles arrivent, ma pauvre Agathe, je ne le souhaite pas; et, grace au ciel, mon mari est d'une santé...

AGATHE.

Il me semble, à moi, qu'elle se dérange beaucoup.

Mad. DURVAL.

Trouves-tu, ma chère enfant?

AGATHE.

Mais oui, beaucoup.

Mad. DURVAL.

Tu m'alarmes... en vérité... tu m'alarmes... A propos, Agathe, il y a long-temps que je ne t'ai rien donné, prends la robe que j'avais hier.

AGATHE.

Bien des graces à madame. Mais voici monsieur; voyez comme il a le visage enflammé!

Mad. DURVAL.

Il paraît en colère. Mais je me sens d'une humeur... Tu vas voir.

SCÈNE XXI.

Madame DURVAL, DURVAL, AGATHE.

DURVAL.

Madame, vous instruisez fort bien votre fille, vous lui donnez de jolis conseils!

Mad. DURVAL.

Je lui donne, monsieur, ceux que je voudrais qu'on m'eût donnés lorsqu'il était question de me marier; je tâche de lui épargner un repentir.

DURVAL.

Oh! madame, le repentir est de l'essence des mariages. Le meilleur est celui où l'on se repent le moins; mais ce n'est pas le nôtre, vous y mettez bon ordre.

Mad. DURVAL.

En effet, j'ai grand tort de vouloir que ma fille, avec

le bien qu'elle aura , n'épouse pas un monsieur Dutour,
un petit homme tout bouffi de la morgue financière, qui
n'estime et qui n'aime que l'argent !

DURVAL.

Eh ! que diable voulez-vous donc qu'on aime ?

Mad. DURVAL.

Madame Dutour ! le beau nom , oh ! je vous réponds
que si j'avais eu la dixième partie du bien qu'aura ma
fille , je n'aurais jamais été madame Durval.

DURVAL.

Madame !

Mad. DURVAL.

Ce mariage-là n'est pas fait ; et puis le docteur m'a dit
des choses de monsieur Dutour !

DURVAL.

Quoi ? Que vous a-t-il dit ?

Mad. DURVAL.

Oh ! des choses... je ne puis pas bien vous dire ce que
c'était, il ne le savait pas trop lui-même... mais...

DURVAL.

Voilà qui est clair , madame ; et puis c'est une grande
autorité que votre docteur. Ah, ah, ah ! (*il le contrefait.*) Si j'avais voulu l'écouter...

Mad. DURVAL.

Ce qu'il y a de très-clair , monsieur, c'est que quand
ce ne serait que pour rabattre les grands airs de ma sœur
la comtesse , je veux que ma fille...

DURVAL.

Eh ! moquez-vous de ces airs , madame : vous êtes en
état d'acheter trente comtés comme le sien.

Mad. DURVAL.

En serais-je plus grande dame ? Elle va à la cour , elle
sera de toutes les fêtes.

DURVAL.

Et, pour y paraître d'une façon à peine convenable,
il faudra qu'elle se prive du nécessaire. Savez - vous ce
que vous désirez, madame, l'indigence et la servitude;
mais extravaguez si vous voulez, perdez-vous dans des
plaisirs insensés , enviez ceux qui vous envient : moi , qui
sais qu'on est tout quand on est riche, je n'envie personne.

Mad. DURVAL.

Tout cela est bel et bon, monsieur; mais, si ma fille n'épouse le marquis, ma résolution est prise, je me sépare de vous.

DURVAL, *ironiquement.*

Mais, vraiment! madame, voilà une menace terrible!

SCÈNE XXII.

DURVAL, MADAME DURVAL, JULIE, AGATHE.

DURVAL.

Ah! vous voilà, mademoiselle; avez-vous fait vos réflexions? êtes-vous enfin disposée à m'obéir?

JULIE, *tombant aux pieds de son père.*

Mon père, vous aimez votre fille, vous ne voulez pas son malheur, vous ne pouvez pas le vouloir; et vous le feriez infailliblement en me donnant un époux que je ne pourrais aimer.

DURVAL.

Vous êtes une enfant, que parlez-vous d'aimer! Demandez à madame si c'est pour cela qu'on se marie? Levez-vous.

JULIE.

Mon père!

DURVAL.

Levez-vous, vous dis-je, et finissez une scène... Mais que veut mon frère avec cet air empressé?

SCÈNE XXIII.

DURVAL, MADAME DURVAL, JULIE, AGATHE, DE SURMON.

DE SURMON.

Eh bien! mon frère, une autre fois prendrez-vous de mes almanachs?

DURVAL.

Que voulez-vons dire avec vos almanachs?

DE SURMON.

Attendrez-vous encore, pour y croire, que j'aie fait une fortune comme la vôtre? J'avais pourtant raison, et monsieur Dutour...

DURVAL.

Eh bien, monsieur Dutour...

DE SURMON.

Quoi! ignorez-vous son aventure?

DURVAL.

Quelque histoire ridicule, sans doute?

Mad. DURAVL.

Il faut savoir ce que c'est.

DE SURMON.

Rien qu'une bagatelle : c'est que monsieur Dutour, depuis trois mois, est marié en secret avec mademoiselle Lucile.

Mad. DURVAL.

Marié!

JULIE.

Plût au ciel!

DURVAL.

Plaisantez-vous, mon frère?

DE SURMON.

Point de tout : les parens de la demoiselle l'ont surpris avec elle hier au soir; et, comme on lui a proposé une façon de sortir qui n'était point de son goût, il a déclaré le mariage.

Mad. DURVAL.

Ce sera là ce qu'on avait dit au docteur.

DURVAL.

Mon frère, pouvez-vous donner dans un pareil conte? Monsieur Dutour qui doit épouser ma fille, et à qui je cède pour cela ma place......

DE SURMON.

Ajoutez que, pour en obtenir l'agrément, vous lui avez prêté le plus honnêtement du monde les cent mille francs qu'il a fallu donner : aussi dit-on que, sans la circonstance qui l'y a forcé, son dessein était de ne découvrir son mariage qu'après s'être bien mis en possession de votre place.

DURVAL.

Et moi, je n'en crois rien : on aime à répandre de mauvais bruits sur les gens riches. Le public, qui leur porte envie, est disposé à tout croire sur leur compte. M'emprunter mon argent pour se faire donner ma place, cela suppose plus de projet et plus d'esprit que je n'en connais à monsieur Dutour.

DE SURMON.

Appelez-vous cela de l'esprit, mon frère ?

DURVAL.

Pourquoi, d'ailleurs, aurait-il épousé Lucile qu'on sait d'humeur à ne pas désespérer les gens ?

DE SURMON.

Pourquoi, mon frère ? Parce que, quoi que vous en pensiez, les sots ne se contentent pas de dire des sottises, et que très-souvent ils en font.

SCÈNE XXIV.

DURVAL, MADAME DURVAL, JULIE, AGATHE, DE SURMON, LE MARQUIS, LA MARQUISE.

LA MARQUISE.

Voici mon fils qui revient de Versailles, monsieur, et qui m'apprend des choses...

DURVAL.

L'aventure de M. Dutour ?

DE SURMON.

Mon frère ne la veut pas croire.

LE MARQUIS.

Elle est pourtant très-publique, monsieur : on n'en saurait douter, et le ministre en est instruit.

DURVAL.

Je demeure pétrifié.

LE MARQUIS.

Je l'ai trouvé indigné du procédé de M. Dutour ; et voici une lettre de sa propre main, où vous verrez que, sans égard à la promesse surprise par M. Dutour, on vous rend la place dont vous vous étiez démis en sa faveur.

DURVAL.

Ah! monsieur... (*à la marquise.*) Madame, vous permettez... (*il lit la lettre tout bas.*)

LE MARQUIS.

Je sais que le ministre vous marque en même temps tout l'intérêt qu'il prend à moi, et le désir qu'il aurait de vous voir consentir à mon bonheur ; mais je vous déclare que je ne veux point me prévaloir de sa recommandation, que vous pouvez librement disposer de mademoiselle Durval, que votre place vous est rendue sans condition, et qu'elle vous sera conservée dans tous les cas.

DURVAL.

Hum, hum ! (*il a l'air de rêver en regardant la lettre.*)

MADAME DURVAL.

A quoi pensez-vous donc, monsieur Durval ?

DE SURMON, *s'approchant.*

Mon frère, vous voyez le procédé de monsieur le marquis, et je ne doute pas que, dans cette occasion, vous ne fassiez ce que l'honneur exige... (*bas à l'oreille.*) et votre intérêt.

JULIE.

Je tremble.

LE MARQUIS, *à Durval.*

Monsieur, je devine à peu près ce qui se passe en vous; mais encore une fois, agissez librement et sans crainte : je vous engage ma parole, que, quelque parti que vous preniez...

DURVAL.

Monsieur, il est pris : je vous avoue que mon dessein n'était pas de donner ma fille à un homme de qualité : les exemples me faisaient peur, votre procédé généreux me rassure. Il faut m'en rendre digne, et mériter les bontés du ministre... (*à Julie.*) Avancez, mademoiselle, je vous ordonne de regarder désormais monsieur le marquis comme celui qui doit être votre époux.

JULIE.

Ah, mon père !

Saurin.

LE MARQUIS.

Belle Julie... (*à Durval.*) Quel que soit le motif qui vous détermine, monsieur, je n'aurai pas le courage de pousser la générosité plus loin. J'accepte avec transport la grace que vous voulez bien me faire ; mais soyez sûr que vous n'aurez jamais lieu de vous en repentir, et que vous trouverez en moi tous les sentimens que peut attendre un père du fils le plus tendre et le plus respectueux.

DE SURMON.

Mon frère, vous voyez que j'avais raison de vous dire qu'on n'en vaut pas toujours mieux pour être un sot. Croyez-moi, pour être honnête, il faut être éclairé ; quoique, pour être éclairé, on ne soit pas toujours honnête.

FIN DU MARIAGE DE JULIE.

TABLE DES MATIÈRES

CONTENUES DANS CE VOLUME.

FIN DE SAURIN.

www.ingramcontent.com/pod-product-compliance
Ingram Content Group UK Ltd.
Pitfield, Milton Keynes, MK11 3LW, UK
UKHW020237180726
13839UKWH00001B/21